LES 'SOLA' DE LA RÉFORME
RELECTURES PROTESTANTES ET CATHOLIQUES

CAHIERS DE LA REVUE THÉOLOGIQUE DE LOUVAIN

44

Publications de la Faculté de Théologie
Université Catholique de Louvain
Louvain-la-Neuve
2020

LES 'SOLA' DE LA RÉFORME
RELECTURES PROTESTANTES ET CATHOLIQUES

Édité par

JOSEPH FAMERÉE ET MARTIN LEINER

Peeters
Leuven – Paris – Bristol, CT
2020

ISBN 978-90-429-4225-7
eISBN 978-90-429-4226-4
ISSN 0771-601X
D/2020/0602/32

Introduction

Les articles de ce volume répondent au désir de mener un débat théologique[1]. C'est à juste titre que le dialogue, la compréhension et le consensus sont placés au centre des relations entre théologies catholique et protestante, ainsi qu'entre l'Église catholique et les Églises protestantes aujourd'hui. En ce qui nous concerne, nous voulions, avec respect et sans polémique, examiner si les particules exclusives du protestantisme donnent toujours matière à discussion. Les particules exclusives du protestantisme, ce sont les formules, souvent citées : *sola gratia*, par la grâce seule, *sola scriptura*, (par) l'Écriture seule, *solo verbo*, par la Parole seule, *sola fide*, par la foi seule et *solus Christus*, (par) le Christ seul.

De cette manière, onze auteur(e)s se sont mis ensemble, six théologiens protestants et cinq catholiques, qui, par paire, un de chaque confession, ont traité les particules exclusives *sola gratia, sola scriptura/solo verbo, sola fide* et *solus Christus*, ainsi que la situation œcuménique actuelle. Ces contributions sont encadrées par une évaluation du jubilé de la Réforme par Martin Leiner et un traitement de la question : « Qu'est-ce qu'un sujet luthérien? » par Jean-Daniel Causse. Le débat ne fut pas seulement mené par échange de textes écrits, mais le 24 mars 2017 une table ronde de discussion a eu lieu à la Faculté de théologie à Louvain-la-Neuve. C'est à cette occasion que Jean-Daniel Causse, qui est mort le 8 juin 2018, a présenté ses idées inspirantes et profondes sur le sujet luthérien.

Peut-on retenir un résultat de tous ces débats concernant l'état actuel de la question des particules exclusives protestantes? Ces particules divisent-elles ou unissent-elles plutôt les confessions? Notre but était de répondre surtout à la question : les *sola* sont-ils toujours actuels et ont-ils encore un impact?

L'image qui se dégage des articles est multiple et pleine de perspectives différentes. De mon point de vue, comme résultat, on peut retenir surtout l'importance des usages différents des *sola*. On peut et doit distinguer entre (1.) les formules *sola* dans leur sens originel

[1] Ces articles sont d'abord parus dans la *Revue théologique de Louvain* au cours des années 2017 et 2018.

concret, (2.) les *sola* comme résumé de l'expérience de la justification et (3.) les *sola* comme principes ou critères de portée plus large pour la foi, la théologie et l'Église. J'aimerais développer ce point, dans cette introduction, pour faciliter la lecture des exposés suivants.

Les formules *sola* dans leur sens originel

Les contributions de ce volume mettent en lumière que les *sola* de la Réforme sont dus à des contextes spécifiques. Le *sola gratia* et le *sola fide* proviennent de la compréhension de la justification du pécheur, que Luther a découverte dans l'Épître aux Romains de l'apôtre Paul, selon son témoignage dans la préface à l'édition de ses œuvre latines. Les deux *sola* s'opposent à une position contraire concrète : la justification par les œuvres humaines. Dans la grâce, Dieu agit tout seul. C'est valable pour la foi aussi. Pour Luther, celle-ci n'est pas une œuvre humaine, mais l'œuvre de Dieu dans l'homme. Ce qui porte et qui en dernière instance est décisif, c'est la vie à partir de la grâce de Dieu et la foi qui, en tant que confiance en Dieu, détermine l'existence humaine tout entière. Dans ce contexte, ce que Luther récuse, ce n'est pas l'activité humaine en tant que telle ou les œuvres de l'amour. Elles sont seulement problématiques lorsqu'elles sont revendiquées comme fondement de la justice de l'homme devant Dieu. Pierre Bühler le souligne bien dans son article, pour Luther, la foi inclut activités et actes d'amour pour le prochain. De même, Miriam Rose met l'accent sur le fait que la grâce procède de la plénitude de Dieu, qui se donne à l'homme, avant que celui-ci puisse faire quoi que ce soit. La réponse de Jean-Louis Souletie montre qu'il y a accord entre protestants et catholiques sur les deux formules. La citation de Thérèse de Lisieux le prouve bien : «Au soir de cette vie, je paraîtrai devant vous les mains vides, car je ne vous demande pas, Seigneur, de compter mes œuvres. Toutes nos justices ont des taches à vos yeux. Je veux donc me revêtir de votre propre Justice et recevoir de votre Amour la possession éternelle de Vous-même (…)»[2].

Pierre Bühler met en évidence que le *solo verbo* se trouve dans deux oppositions différentes chez Luther. D'un côté, le *solo verbo*

[2] Thérèse de Lisieux, *Œuvres complètes*, Paris, Cerf, 1992, p. 962-964. Cf. *infra*, p. 74.

exprime que la grâce divine ne parvient pas à l'homme sans la Parole ou au-delà de la Parole, comme le prétendaient certains courants (« spiritualistes mystiques ») au XVIe siècle. De l'autre côté, le *solo verbo* s'oppose à tout recours à la violence dans des questions de foi, un point qui, pour le moins, ne fut pas toujours observé par les deux confessions au XVIe siècle, mais qui reste d'une grande actualité.

Le *sola scriptura* provient, comme l'écrivent Martin Leiner et Olivier Riaudel, du contexte de la Dispute de Leipzig et concerne la question de la norme suprême de la foi dans l'Église. Au début uniquement, le *sola scriptura* signifie que l'Église ne peut imposer, comme nécessaire au salut, de croire ce qui ne se trouve pas dans l'Écriture Sainte. Tandis qu'aujourd'hui, il y a consensus entre protestants et catholiques concernant le *solo verbo*, le *sola scriptura* dans son sens originel est le point de controverse le plus difficile entre les confessions. Les dogmes relatifs à la Vierge Marie de 1854 et de 1950 font de la conception immaculée de Marie et de son assomption corporelle au ciel un contenu nécessaire de la foi, bien que les deux doctrines ne se trouvent pas dans la Bible. Ainsi s'exprime la bulle *Ineffabilis Deus* : « C'est pourquoi, s'il en était, ce qu'à Dieu ne plaise, qui eussent la présomption d'avoir des sentiments contraires à ce que nous venons de définir, qu'ils sachent très clairement qu'ils se condamnent eux-mêmes par leur propre jugement, qu'ils ont fait naufrage dans la foi et se sont séparés de l'unité de l'Église » (DSH 2803s.). Ici, il semble exister en réalité une opposition qu'on peut à peine surmonter concernant le *sola scriptura* : le texte ne déclare pas moins que le naufrage de presque tous les protestants dans la foi. Certes, on pourrait, en faisant appel à la formule tout à fait similaire du dogme marial de 1950, postuler la différence entre foi catholique et foi chrétienne. Dans le texte de 1950, il est dit de celui qui ne croit pas ce qui a été défini, « qu'il sache qu'il a totalement abandonné la foi divine et catholique » (DSH 3903s.). Les protestants pourraient avoir fait naufrage dans la foi catholique, mais pas dans la foi chrétienne. Cela pourrait se baser sur l'argument que les deux dogmes sont crus dans les Églises orthodoxes, donc que c'est une position protestante qui réellement manque de catholicité[3]. On peut douter que

[3] Pour cette proposition et pour la spiritualité de Luther concernant la Vierge Marie, cf. M. LEINER, « Solus Christus – Christus allein. Ein evangelischer Kommentar zur katholischen Marienfrömmigkeit », dans T. SEIDEL et U. SCHACHT (Éds), *Maria. Evangelisch*, 2e éd., Leipzig, EVA – Paderborn, Bonifatius, 2013, p. 59-84.

cette approche arrive à surmonter les oppositions ; sinon, reste le refus des protestants et du *sola scriptura* sans réconciliation possible par Vatican I, le concile qui probablement a posé plus d'obstacles sur le chemin du consensus œcuménique que tous les autres conciles ensemble.

Finalement, le *solus Christus* joue un rôle plus important chez Calvin et chez les Réformés que chez Luther. C'est pourquoi, l'article d'Anne Käfer commence par une citation de Calvin. Le sens du *solus Christus* est de souligner que le chrétien doit se confier pour son salut au Christ seul. Calvin fait valoir le *solus Christus* même contre la confiance dans les sacrements, pas seulement contre la confiance des catholiques dans les sacrements, mais aussi contre l'appel de Luther à son baptême au cours de la Dispute de Marbourg (1529). Cette critique ne concerne l'interlocuteur que si l'on considère les sacrements comme d'une certaine manière séparables du Christ, ce qui n'est pensable qu'en fonction des présupposés de la doctrine reformée des sacrements. Pour les catholiques comme pour les luthériens, les sacrements sont des médiations qui rendent le Christ présent, et non des réalités séparées du Christ. Il en est de même de la critique réformée de la spiritualité mariale, ou de la revendication d'appartenance à l'Église. Pour les luthériens comme pour les catholiques, ni la Vierge Marie ni l'Église ne peuvent être séparées du Christ.

Les formules *sola* comme résumé de l'expérience de la justification

C'est au XIXe siècle seulement que la théologie protestante fit un usage plus intensif de l'ensemble des *sola* pour résumer la doctrine de la justification par la foi. Dans son article, Pierre Bühler rend une telle formule d'ensemble compréhensive: « Si le *sola gratia* ('par la grâce seule') marque l'accueil gracieux que nous réserve Dieu, si le *solus Christus* ('le Christ seul') en souligne l'enracinement historique et si le *sola scriptura* ('l'Écriture seule'), assorti parfois du *solo verbo* ('par la parole seule'), précise la source où cette promesse se fait entendre, le *sola fide* ('par la foi seule') explicite comment cela imprègne la vie, comment cela prend forme au quotidien »[4]. Une telle

[4] Cf. *infra*, p. 55.

formulation paraît convaincante bien qu'elle éloigne le *Sitz im Leben* originel du *sola scriptura* et du *solus Christus*, de ses fonctions discursives originelles. On construit ainsi une doctrine de la justification armée d'expressions polémiques, qui forment une sorte de forteresse protestante. En Allemagne, à l'aube du jubilé de la Réforme, un tel positionnement polémique entraîna des réactions indignées correspondantes du côté catholique. En 2014, la Fédération des Églises protestantes en Allemagne (EKD) publia le texte de base « Justification et liberté »[5]. C'est dans ce texte que la doctrine de la justification a été rendue à partir des particules exclusives *sola gratia, sola fide, sola scriptura* et *solus Christus* interprétées d'une manière pointue et polémique: « Le 'seul' accentue chaque élément d'une manière exclusive et exclut ainsi autre chose. ‚Seul (par/dans/à cause de/par)' signifie toujours 'et non pas (par/dans/à cause de/par)' » (p. 47). Wolfgang Thönissen, directeur de l'Institut Johann Adam Möhler situé à Paderborn, répondit à ce texte de base dans un article intitulé « Des principes anticatholiques »: « Ici, on voit clairement le fonctionnement des particules exclusives : ce sont des règles qui excluent. Le 'non' contient toute la pointe de la compréhension protestante de la doctrine de la justification. Cela signifie, formulé une fois encore de manière pointue: le Christ reste sans son corps, l'Église, la grâce reste sans sa concrétisation dans les bonnes œuvres, la parole sans incarnation dans les sacrements, l'Écriture sainte reste abstraite, coupée du rapport vivant avec la tradition. Certes, la foi est active, mais les bonnes œuvres se produisent 'quasi automatiquement' (p. 89). Voilà un programme très protestant. Ce programme protestant n'est pas compatible avec le programme œcuménique »[6]. Dans l'article cité, Thönissen va jusqu'à tirer la conséquence qu'en 2017, il ne devrait y avoir aucune célébration commune de la Réforme avec participation catholique.

Quel est le problème derrière ces polémiques récurrentes entre confessions concernant les particules exclusives? Si les particules exclusives sont comprises comme un projet de pureté, comme négation de toute autre chose, elles ne correspondent pas à la phénoméno-

[5] Texte accessible en allemand, anglais, italien, japonais et espagnol – étrangement pas en français sous: https://www.google.com/search?client=firefox-b-d&channel=trow&q=»Rechtfertigung+und+Freiheit.

[6] Texte accessible sous https://www.katholisch.de/aktuelles/aktuelle-artikel/antikatholische-grundsatze (dernière consultation 23.8.2019).

logie de l'expérience de la justification. Dans la vie vécue, l'expérience de la justification n'est jamais pure dans le sens des particules exclusives. Éric Gaziaux dans son article le montre bien. En tant que confiance, la foi est toujours dirigée vers un vis-à-vis et inclut des actes actifs du moi. En 2017, le théologien protestant de Lausanne, Pierre Gisel a demandé une révision critique des particules exclusives pour une raison très similaire. Pour Gisel, les *sola* « ne peuvent être maintenus sous cette forme excluante »[7]. La foi est une réalité transversale, qui accompagne toute la vie, la porte et qui, pour cela précisément, ne peut être isolée de positivités concrètes. La grâce « opère au cœur de réalités (…) qui peuvent, ou non, en être l'occasion »[8]. Le Christ est présent seulement dans des événements récapitulatifs comme les sacrements, l'Église ou des rencontres avec des personnes humaines. Pour lui aussi, un *sola* qui isole n'a pas de sens, aussi peu que pour l'Écriture, qui doit son existence et sa compréhensibilité au monde réel et aux mondes possibles comme contextes. Ce sont toujours les liens concrets, dans lesquels la vie est vécue, les institutions, les constellations, les médiations et les modes anthropologiques d'appropriation qui sont minimisés par une interprétation excluante des particules exclusives.

Quand on a dit cela, on peut se demander si les Réformateurs visaient à un tel purisme, et on peut constater comme consensus œcuménique que les catholiques de même que les protestants croient qu'une primauté de droit revient à la grâce, à la foi, à l'Écriture et au Christ dans l'expérience de la justification. Ces primautés de droit sont porteuses de la justification tout entière. En dernière instance, elles sont décisives. C'est avec raison qu'Olivier Riaudel souligne qu'aucun catholique ne met une bulle pontificale sur le même plan que les Béatitudes (cf. *infra*, p. 46).

À la différence de ce que le débat autour du texte de base de l'EKD pourrait laisser penser, il faut se demander si jamais les Réformateurs eurent effectivement l'intention de nier les entrelacements phénoménologiques. En épistémologie, ils n'étaient pas liés à la phénoménologie comme science rigoureuse, ou à une pensée qui cherche à reconstruire toutes les interdépendances d'une manière théorique.

[7] P. GISEL, « Qu'est-ce que réformer une religion? L'exemple de la Réforme protestante », dans P. GISEL et J.-M TÉTAZ (Éds), *Revisiter la Réforme. Questions intempestives*, Lyon, Éditions Olivétan, 2017, p. (167- 193) 186.

[8] P. GISEL, p. 187.

Comme théologiens, ils appartenaient tous plus ou moins à la tradition de la dialectique rhétorique, des disputes avec leurs thèses pointues. En tant que pasteurs, le milieu dans lequel ils développaient leur pensée était la cure d'âme des chrétiens soucieux du salut de leur âme, tout comme eux-mêmes. C'est dans ce contexte que les *sola* ont leur sens correct : s'opposer à la justice des œuvres par le *sola gratia* et le *sola fide*; valoriser l'Écriture Sainte comme vis-à-vis critique de l'Église et remettre le Christ au centre de la spiritualité chrétienne.

Les formules *sola* comme principes de portée plus large

Des effets beaucoup plus problématiques ont été déclenchés par les particules exclusives, lorsqu'elles devenaient des principes allant bien au-delà de la doctrine de la justification. Des spiritualités protestantes ont poussé ces principes aux conséquences les plus absurdes. Du *sola scriptura*, ils ont fait un biblicisme et un fondamentalisme qui veut répondre par l'Écriture Sainte seule à toutes les questions de la vie jusqu'aux sciences naturelles ou à l'avenir de l'histoire humaine. Le *sola fide* est devenu un fidéisme irrationnel refusant toute argumentation dans les questions de foi. Le *sola gratia* a produit un quiétisme qui se dégage de toute activité pour une amélioration de la situation sociale ou politique, considérée comme non chrétienne. Le *solus Christus* s'est transformé en un christomonisme traitant toute forme de théologie naturelle comme hérétique.

Que de telles hypergénéralisations des *sola* soient des dérives, n'empêche pas que les *sola* aient une portée plus grande que l'événement direct de la justification. Comme Miriam Rose le décrit bien, le *sola gratia* rappelle que ce ne sont pas les sécurités juridiques, mais la grâce qui nous permet de vivre. Le *sola fide* nous rappelle la réalité peu thématisée de la confiance qui porte la communauté et coopération humaine, laquelle se désintègre quand la confiance est perdue. Le *sola scriptura* nous rappelle que la Bible est un livre merveilleux plein de richesses inépuisables, un livre qui nous inspire dans toutes les situations de notre vie et dans tous les contextes. Le *solus Christus* nous rappelle que le Christ, en tant que victime de la violence humaine, nous a montré l'amour de Dieu et nous pousse à la transformation de notre vie pour surmonter la violence.

Outre cette révision critique des particules exclusives, il faut rappeler que pour l'apôtre Paul, la justification par la foi n'était pas la fin et le but de sa théologie. Par des réflexions sur le peuple d'Israël, Paul développe la foi en une élection universelle des païens et des juifs et en la réconciliation du monde (Rom 10,15; 2 Cor 5, 11-21). Ce n'est pas la justification par la foi, mais la réconciliation du monde déjà accomplie dans le Christ et se dévoilant au cours du temps qui est la fin et le but de sa théologie (2 Cor 5,19, cf. aussi Col 1,20; 1 Jean 2,2). Luther demeurait tout à fait empêtré dans les limites de la doctrine de la justification qui est dirigée vers la foi. Ces écrits sur les juifs le montrent. C'est pourquoi dans son texte « Que Jésus Christ est né juif », il pouvait exprimer l'espérance que leur découverte de l'évangile grâce à la Réformation pourrait conduire les juifs à se convertir à la foi chrétienne, ce qui ferait d'eux des frères et sœurs des chrétiens. Quand cette conversion des juifs ne se réalisa pas, Luther ne put les considérer que comme un peuple maudit qu'il fallait expulser du pays afin d'éviter la punition de Dieu. Sur la base d'une foi en la réconciliation universelle et en l'élection permanente des juifs, ces prises de position anti-juives n'auraient pas été possibles.

Ces erreurs de Luther et de l'antisémitisme postérieur dans l'Église protestante devraient donner à penser aux protestants et aux catholiques, et ils devraient dépasser la fixation sur la doctrine de la justification par la foi au profit d'une compréhension commune du message de la réconciliation du monde[9].

Martin LEINER

[9] Joseph Famerée et moi-même remercions vivement nos collègues Heinz Bouillon (UCLouvain) et Fabien Faul (Université de Lorraine, Metz) pour leur traduction de certains textes de ce volume rédigés en allemand. Nous remercions aussi chaleureusement Angélique Prégaldien (*Revue théologique de Louvain*) pour la préparation de ce volume.

Einleitung

Die folgenden Beiträge verdanken sich dem Wunsch, eine theologische Debatte zu führen[10]. Dialog, Verständigung, Konsens stehen heute zu Recht im Mittelpunkt des Umgangs von evangelischer und katholischer Theologie und Kirche miteinander. Wir aber wollten in respektvollem und unpolemischen Umgang miteinander sehen, ob in den protestantischen Exklusivpartikeln noch der Stoff für Auseinandersetzungen liegt. Als Exklusivpartikel bezeichnet man die im Protestantismus häufig zitierten Formulierungen des *sola gratia*, allein durch die Gnade, *sola scriptura*, allein durch die Schrift bzw. *solo verbo*, allein durch das Wort, *sola fide*, allein durch den Glauben und *solus Christus*, Christus allein.

So kamen insgesamt elf Autorinnen und Autoren zusammen, sechs protestantische und fünf katholische Theologen, die zu Paaren geordnet die Exklusivpartikel *sola gratia*, *sola scriptura/solo verbo*, *sola fide* und *solus Christus*, sowie die aktuelle ökumenische Situation behandelt haben. Eingerahmt werden diese Beiträge von einer Einschätzung des Reformationsjubiläums von Martin Leiner und einer Behandlung der Frage: Was ist ein lutherisches Subjekt? von Jean-Daniel Causse. Die Debatte wurde nicht nur literarisch durch den Austausch von Texten geführt, sondern fand auch am 24. März 2017 in einer Gesprächsrunde in der Theologischen Fakultät in Louvain-la-Neuve statt. Bei dieser Gesprächsrunde trug auch der am 8. Juni 2018 überraschend verstorbene Jean-Daniel Causse seine inspirierenden und tiefgehenden Gedanken zum lutherischen Subjekt vor.

Kann man nach all diesen Debatten ein Ergebnis zum aktuellen Stand der ökumenischen Diskussion um die lutherischen Exklusivpartikel festhalten? Trennen diese Partikel die Konfessionen oder verbinden sie sie? Sind sie überhaupt noch aktuell und von bleibender Bedeutung?

Das Bild, das sich aus den Artikel ergibt ist vielfältig und voller unterschiedlicher Perspektiven. Aus meiner Sicht kann man als Erkenntnisgewinn vor allem festhalten, dass Unterscheidungen im Gebrauch der *sola* wichtig sind. Man kann und muss unterscheiden

[10] Diese Beiträge sind erst in der *Revue théologique de Louvain* in 2017 und 2018 veröffentlicht.

zwischen (1.) den *sola*-Formulierungen in ihrem sehr konkreten ursprünglichen Sinn, (2.) den *sola*-Formulierungen als Zusammenfassung des Rechtfertigungsgeschehens und (3.) den *sola*-Formulierungen als weitergehende Prinzipien für Glaube, Theologie und Kirche. Dies soll in der Einleitung schon entfaltet werden, um die Lektüre der Aufsätze zu erleichtern.

Die *sola*-Formulierungen in ihrem ursprünglichen Sinn

Die Beiträge des Bandes führen näher aus, dass die *sola* der Reformation sich ganz spezifischen Entstehungszusammenhängen verdanken. Das *sola gratia* und das *sola fide* verdanken sich dem Verständnis der Rechtfertigung des Sünders, die Luther im Römerbrief des Apostels Paulus entdeckt hat. Beide *sola* wenden sich gegen einen konkreten Gegensatz: die Rechtfertigung durch die menschlichen Werke. In der Gnade handelt Gott ganz allein. Dasselbe gilt auch für den Glauben. Der Glaube ist für Luther kein Menschenwerk, sondern Gottes Werk im Menschen. Das Tragende und letztlich Entscheidende sind das Leben aus Gottes Gnade und der Glaube, der als Vertrauen auf Gott die menschliche Existenz bestimmt. Abgelehnt werden in diesem Zusammenhang nicht die menschliche Aktivität als solche oder Werke der Liebe, sondern sie sind nur dann problematisch, wenn sie als Grund der Gerechtigkeit des Menschen vor Gott geltend gemacht werden. Glaube schließt nach Luther, wie Pierre Bühler in seinem Beitrag hervorhebt, Aktivität und Taten der Liebe für den Nächsten mit ein. Gnade geht, wie Miriam Rose betont, von der Fülle Gottes, die er dem Menschen schenkt, bevor er irgendetwas tun kann, aus. Die Antwort von Jean-Louis Souletie zeigt, dass zwischen Protestanten und Katholiken Einigkeit über beide Formeln besteht. Das Zitat von Therese von Lisieux belegt dies sehr schön: «Au soir de cette vie, je paraîtrai devant vous les mains vides, car je ne vous demande pas, Seigneur, de compter mes œuvres. Toutes nos justices ont des taches à vos yeux. Je veux donc me revêtir de votre propre Justice et recevoir de votre Amour la possession éternelle de Vous-même (…)»[11].

Das *solo verbo* steht, wie Pierre Bühler hervorhebt, in zwei unterschiedlichen Gegensätzen bei Luther. Einmal besagt das *solo verbo*,

[11] Thérèse de Lisieux, *Œuvres complètes*, Paris, Cerf, 1992, S. 962-964. Cf. *infra*, S. 74.

dass Gottes Gnade zum Menschen nicht ohne das Wort oder abseits des Wortes gelangt, so wie es manche Spiritualisten des 16. Jahrhunderts glaubten, zum anderen steht das *solo verbo* der Anwendung von Gewalt in Glaubensfragen entgegen.

Das *sola scriptura* entstammt wie Martin Leiner und Olivier Riaudel schreiben dem Kontext der Leipziger Disputation und der Frage nach der obersten Norm des Glaubens in der Kirche. Das *sola scriptura* heisst dabei ursprünglich lediglich, dass die Kirche niemandem etwas als heilsnotwendig zu glauben auferlegen kann, was nicht in der Heiligen Schrift steht. Während beim *solo verbo* heute Konsens zwischen Protestanten und Katholiken besteht, ist das *sola scriptura* in seinem ursprünglichen Sinn der schwierigste Streitpunkt zwischen den Konfessionen. Die Mariendogmen von 1854 und 1950 erheben die unbefleckte Empfängnis Marias und ihre leibliche Aufnahme in den Himmel zu notwendigen Glaubensinhalten, obwohl beide Lehren in der Bibel nicht vorkommen. So heißt es in der Bulle „Ineffabilis Deus“: Wollten daher, was Gott verhüte, sich welche herausnehmen, im Herzen anders zu sinnen, als von Uns definiert wurde, so sollen diese erkennen, dass sie durch eigenen Richtspruch verurteilt, Schiffbruch im Glauben erlitten haben und von der Einheit der Kirche abgefallen sind.“ (DSH 2803f). Hier scheint mir in der Tat ein kaum zu überwindender Gegensatz zum *sola scriptura*, wird doch nicht weniger gesagt als dass fast alle Protestanten Schiffbruch an ihrem Glauben erlitten hätten. Allenfalls könnte man unter Berufung auf die ganz ähnliche Formulierung im Mariendogma von 1950, die Unterscheidung zwischen katholischem und christlichem Glauben postulieren. Im Text von 1950 wird gesagt, wer das Definierte nicht glaubt, „soll wissen, dass er vom göttlichen katholischen Glauben völlig abgefallen ist“ (DSH 3903f). Protestanten könnten also zwar vom katholischen Glauben nicht aber vom christlichen Glauben abgefallen sein[12]. Ob dies ein überzeugender Ausweg ist, ist zweifelhaft; ansonsten bleibt aber die unversöhnliche Ablehnung der Protestanten und des *sola scriptura* durch das 1. Vaticanum, das Konzil das der ökumenischen Einigung wahrscheinlich mehr Steine in den Weg gelegt hat als alle anderen Konzilien gemeinsam.

[12] Vgl. zu diesem Vorschlag und zu Luthers Marienfrömmigkeit: M. LEINER, « Solus Christus – Christus allein. Ein evangelischer Kommentar zur katholischen Marienfrömmigkeit », dans T. SEIDEL et U. SCHACHT (Éds), *Maria. Evangelisch*, 2e éd., Leipzig, EVA – Paderborn, Bonifatius, 2013, p. 59-84.

Das *solus Christus* schließlich findet sich stärker bei Calvin und im reformierten Bereich als bei Luther. Anne Käfers Beitrag beginnt deshalb auch mit einem Calvinzitat. Sinn des *solus Christus* ist es, zu betonen, dass der Christ sich für sein Heil allein auf Christus verlassen soll. Von Calvin wird das *solus Christus* auch gegen das Vertrauen auf Sakramente geltend gemacht. Nicht nur das Vertrauen der Altgläubigen auf Sakramente, sondern auch Luthers Berufung auf sein Getauftsein im Marburger Religionsgespräch (1529) kann von reformierter Seite als Verstoß gegen das *solus Christus* angesehen werden. Die Kritik des *solus Christus* trifft aber nur dann die Gesprächspartner, wenn Sakramente von Christus in irgendeiner Weise abtrennbar gedacht werden, was wiederum nur unter den Voraussetzungen der reformierten Sakramentenlehre denkbar ist. Für Katholiken wie Lutheraner sind die Sakrament Vermittlungen Christi und keine von ihm getrennten Realitäten. Ganz ähnlich ist die Argumentation mit der Marienfrömmigkeit oder der Berufung auf die Zugehörigkeit zur Kirche. Maria und Kirche sind nach katholischer und lutherischer Lehre nicht von Christus zu trennen.

Die *sola*-Formulierungen als Zusammenfassung des Rechtfertigungsgeschehens

Die protestantische Theologie hat die Zusammenstellung der sola Formulierungen erst im 19. Jahrhundert breiter als Mittel gebraucht um die Rechtfertigungslehre zusammenzufassen. Pierre Bühler gibt in seinem Beitrag eine solche Gesamtformel wieder: “Si le *sola gratia* («par la grâce seule») marque l’accueil gracieux que nous réserve Dieu, si le *solus Christus* («le Christ seul») en souligne l’enracinement historique et si le *sola scriptura* («l’Écriture seule»), assorti parfois du *solo verbo* («par la parole seule»), précise la source où cette promesse se fait entendre, le *sola fide* («par la foi seule») explicite comment cela imprègne la vie, comment cela prend forme au quotidien”[13]. Eine solche Formulierung erscheint überzeugend, auch wenn sie den ursprünglichen Sitz im Leben des *sola scriptura* und des *solus Christus* von den ursprünglichen Diskursfunktionen weg verschiebt. Es entsteht so eine mit polemischen Abwehraussagen zwar nicht notwendig ausgerüstete, wohl aber aufrüstbare Rechtfertigungslehre. Im Vorfeld des Reformationsjubiläums kam es in Deutschland zu

[13] Cf. *infra*, S. 55.

einer solchen Aufrüstung und einer ihr entsprechenden entrüsteten Reaktion von katholischer Seite. Im Jahr 2014 veröffentlichte die EKD den Grundlagentext „Rechtfertigung und Freiheit“[14]. In ihm wurde die Rechtfertigungslehre durch die Exklusivpartikel *sola gratia*, *sola fide*, *sola scriptura* und *solus Christus* wiedergegeben und in zuspitzender Weise interpretiert: „Das ‚allein‘ spitzt jedes Kernelement exklusiv zu und schließt so anderes aus. ‚Allein (aus/im/aufgrund/durch)‘ heißt hier also immer ‚nicht (aus/im/aufgrund/durch)‘ „ (S. 47). Wolfgang Thönissen, Leiter des Johann Adam Möhler Instituts in Paderborn antwortete auf diesen Grundlagentext in einem Artikel mit dem Titel „Antikatholische Grundsätze“: „Hier zeigt sich deutlich die Wirkungsweise der Exklusivpartikel: Sie sind Regulative, die ausschließen. In dem „nicht“ steckt schließlich die ganze Pointe des protestantischen Verständnisses der Rechtfertigungslehre. Das heißt, wieder zugespitzt formuliert: Christus bleibt ohne seinen Leib, die Kirche, die Gnade bleibt ohne Konkretion in guten Werken, das Wort bleibt ohne Verleiblichung in den Sakramenten, die Heilige Schrift bleibt abstrakt, losgelöst vom lebendigen Zusammenhang mit der Tradition. Der Glaube ist zwar tätiger Glaube, aber gute Werke entstehen „quasi automatisch“ (S. 89). Das ist ein sehr protestantisches Programm. Dieses protestantische Programm geht dann tatsächlich nicht mit dem ökumenischen Programm zusammen“[15]. Thönissen geht so weit, dass er in dem zitierten Artikel die Konsequenz zieht, 2017 dürfe es keine gemeinsamen Reformationsfeiern mit katholischer Beteiligung geben.

Was ist das sachliche Problem hinter den immer wieder aufflammenden interkonfessionellen Polemiken um die Exklusivpartikel? Die Exklusivpartikel verstanden als Projekt der Reinheit, als Negation von allem anderen entsprechen nicht der Phänomenologie der Rechtfertigungserfahrung. Die Rechtfertigungserfahrung im gelebten Leben ist nie rein im Sinne der Exklusivpartikel. Der Artikel von Eric Gaziaux zeigt dies gut. Glaube als Vertrauen richtet sich immer auf ein Gegenüber und schließt aktive Akte des Ich mit ein. 2017 hat der Lausanner protestantische Theologe Pierre Gisel eine kritische Revision der

[14] Der Text ist auf Deutsch, Englisch, Italienisch, Japanisch und Spanisch – merkwürdiger Weise nicht auf Französisch - abrufbar unter: https://www.google.com/search?client=firefox-b-d&channel=trow&q="Rechtfertigung+und+Freiheit.

[15] Text abrufbar unter https://www.katholisch.de/aktuelles/aktuelle-artikel/antikatholische-grundsatze (Letzte Konsultation 23.8.2019).

Exklusivpartikel aus einem sehr ähnlichen Grund gefordert. Für Gisel, die *sola* „ne peuvent être maintenus sous cette forme excluante“[16]. Der Glaube ist eine transversale Realität, die das ganze Leben begleitet und trägt und kann deshalb gerade nicht isoliert werden von „positivités concrètes“. Die Gnade „opère au coeur de réalités (...) qui peuvent, ou non, en être l'occasion“[17]. Christus wird nur in rekapitulativen Vorgängen wie den Sakramenten, der Kirche oder Begegnungen mit Menschen präsent, auch für ihn ergibt ein isolierendes *sola* keinen Sinn, genausowenig wie für die Schrift, die ihre Existenz und ihre Verstehbarkeit der realen Welt und möglichen Welten als Kontexte verdankt. Immer sind es die konkreten Verknüpfungen, in denen sich Leben vollzieht, die Institutionen, Konstellationen, Vermittlungen und anthropologischen Vollzugsmodi, die durch ein ausschließendes Verständnis der Exklusivpartikel abgeblendet werden.

Wenn dies gesagt ist, dann kann man als ökumenischen Konsens durchaus festhalten, dass Katholiken wie Protestanten glauben, dass der Gnade, dem Glauben, der Schrift und Christus im Rechtfertigungsgeschehen eine primauté de droit zukommt. Sie sind tragend für das ganze Rechtfertigungsgeschehen und letztlich entscheidend. Mit recht betont in diesem Sinne Olivier Riaudel, dass kein Katholik eine päpstliche Bulle auf dasselbe Niveau stellt wie die Seligpreisungen (cf. *infra*, p. 46).

Anders als die Debatte um den EKD Grundlagentext nahelegt, stellt sich die Frage, ob die Reformatoren jemals wirklich die phänomenologische Verflechtung abstreiten wollten. Wissenschaftlich waren sie nicht der Phänomenologie als strenger Wissenschaft, oder dem alle Verbindungen rekonstruierenden theoretischen Denken verpflichtet, sondern als Theologen gehören sie zur Tradition der rhetorischen Dialektik, der Disputationen mit ihren zugespitzten Thesen, und als Pfarrer ist die Seelsorge an den um ihr Seelenheil besorgten Christen, sie selbst eingeschlossen, das Milieu, in dem sich ihr Denken entwickelt. In diesem Zusammenhang haben die *sola* ihren guten Sinn, um Werkgerechtigkeit durch das *sola gratia* und das *sola fide* zu überwinden, um die Heilige Schrift als Gegenüber zur Kirche zur Geltung zu

[16] P. GISEL, Qu'est-ce que réformer une religion? L'exemple de la Réforme protesnte », dans P. GISEL et J.-M. Tétaz (Éds), *Revisiter la Réforme. Questions intempestives*, Lyon, Éditions Olivétan, 2017, p. (167- 193) 186.

[17] P. GISEL, S. 187.

bringen und um Christus in den Mittelpunkt der Frömmigkeit zu rücken.

Die *sola*-Formulierungen als weitergehende Prinzipien

Weit problematischere Auswirkungen hatten die Exklusivpartikel dadurch, dass sie weit über die Rechtfertigungslehre hinausgehend zu Prinzipien wurden, die in protestantischen Frömmigkeitsformen bis hin zu absurden Konsequenzen getrieben wurden. Aus dem *sola scriptura* wurde so ein Biblizismus und ein Fundamentalismus, der alle Fragen des Lebens bis hin zur Naturwissenschaft oder der Zukunft der Weltgeschichte allein aus der Bibel begründen wollte. Aus dem *sola fide* wurde als Prinzip ein irrationaler Fideismus, der Argumentationen in Glaubensfragen ablehnte, aus dem *sola gratia* entstand ein Quietismus, der eigene Aktivität zur Verbesserung der gesellschaftlichen und politischen Lage als unchristlich ablehnte. Aus dem *solus* Christus wurde ein Christomonismus, der jede Form von natürlicher Theologie als häretisch betrachtete.

Dass solche problematischen Übergeneralisierungen der *sola* als abwegig eingesehen werden müssen, schließt nicht aus, dass die *sola* trotzdem eine weitere Reichweite besitzen als das direkte Rechtfertigungsgeschehen. Das *sola gratia* erinnert, wie Miriam Rose schön beschreibt, daran, dass Leben nicht aus rechtlichen Sicherungen, sondern aus der Gnade gelebt wird. Das *sola fide* erinnert daran, dass die oft nicht thematisierte Realität des Vertrauens die menschliche Gemeinschaft und Kooperation trägt, welche zerfällt, sobald das Vertrauen verloren geht. Das *sola scriptura* erinnert daran, dass wir in der Bibel ein wunderbares Buch von unerschöpflichem Reichtum haben, das wir in der Tat in allen Lebenslagen und in allen Kontexten mit Gewinn lesen können. Das *solus Christus* erinnert uns daran, dass das Opfer menschlicher Gewalt uns Gottes Liebe gezeigt hat und uns zur Transformation unseres Lebens antreibt, in der Gewalt überwunden wird.

Zusätzlich zu dieser kritischen Revision der Exklusivpartikel ist auch noch daran zu erinnern, dass die Rechtfertigung durch den Glauben für Paulus nicht der End- und Zielpunkt seiner Theologie war. Im Nachdenken über das Volk Israel entwickelt Paulus den Glauben an die universelle Erwählung von Heiden und Juden und an die Versöhnung der Welt (Röm 10,15; 2. Kor 5, 11-21). Nicht die vom Glauben abhängige Rechtfertigungserfahrung, sondern die in Christus bereits geschehene Versöhnung der Welt (2. Kor 5,19, vgl auch Kol 1,20; 1. Joh 2,2). Luther blieb, wie man an seinen Judenschriften sehen kann, ganz in den Grenzen der auf Glauben bezogenen Rechtfertigunglehre befangen. Deshalb konnte er in seiner Schrift „Dass Jesus Christus ein geborener Jude sei“ die Hoffnung zum Ausdruck bringen, dass durch die Entdeckung des Evangeliums durch die Reformation, die Juden sich zum christlichen Glauben bekehren, was aus ihnen Brüder und Schwestern machen würde. Als es dann aber nicht zur Bekehrung der Juden kam, konnte es sie nur noch als verfluchtes Geschlecht ansehen, das man des Landes zu verweisen habe, um nicht Gottes Strafe zu erfahren. Von einem Glauben an die universale Versöhnung und an die bleibende Erwählung der Juden aus wären diese schlimmen Aussagen nicht möglich gewesen.

Protestanten und Katholiken sollten diese Irrwege Luthers und des späteren Antisemitismus in der evangelischen Kirche zu denken geben und sie sollten die Fixierung auf die Rechtfertigungslehre überwinden zugunsten eines gemeinsamen besseren Verständnisses der Botschaft von der Versöhnung der Welt.

Martin LEINER

Le jubilé de la Réforme, un défi à la théologie et à l'historiographie

Célébrer les 500 ans de la Réforme

Du 31 octobre 2016 au 31 octobre 2017 les pays fortement influencés par le luthéranisme font la fête. Comme les célébrations se concentrent en Allemagne, le présent article essaye de rendre compte du jubilé dans ce pays et de son impact théologique. L'inauguration du jubilé a eu lieu à Lund, en Suède, avec une rencontre entre le pape François et des représentants de l'alliance luthérienne mondiale. Comme l'a souligné Walter Kasper dans son petit livre *Martin Luther – eine ökumenische Perspektive*[1], les attentes pour que ce jubilé renouvelle le dialogue œcuménique sont fortes. On espère qu'il conduira enfin à nouveau à des progrès entre les Églises protestantes et l'Église catholique. Le programme du jubilé constitue déjà un grand pas en avant lorsqu'on le compare avec les précédents jubilés de la Réforme.

Le projet consiste à célébrer cette année comme une fête œcuménique du Christ. Le programme témoigne de sérieux efforts pour s'éloigner de la vénération de Luther qui caractérisait nombre d'anniversaires de la Réforme. Ces fêtes ont été célébrées par les protestants allemands depuis 1617 – date emblématique où, à la veille de la guerre de Trente Ans, les princes électeurs du Palatinat et de Saxe ordonnèrent cette fête dans l'intention de renforcer l'identité protestante des luthériens et des réformés en vue du conflit imminent contre l'Empereur et les États catholiques. En 1617 au plus tard, Luther est devenu un héros protestant sur qui on projetait ce que l'esprit du temps demandait: un esprit anticatholique et orthodoxe au XVIIe siècle, un précurseur des Lumières et un moraliste au XVIIIe, un libéral au début du XIXe, puis un nationaliste («Der deutsche Luther») et enfin en 1983, en RDA, le protagoniste ambivalent de la révolution antiféodale dont Thomas Müntzer était le véritable héros. Pour 2016-2017, aucune image héroïque de Luther ne domine. L'État n'a pas non plus

[1] W. Kasper, *Martin Luther – eine ökumenische Perspektive*, Düsseldorf, Patmos, 2016.

de projet de construire un nouveau monument à Luther. Tout au contraire, le projet est de formuler des excuses officielles pour ce que Luther a écrit sur les Juifs et pour sa part de culpabilité historique dans le processus qui a conduit à l'Holocauste. Ce que l'on avait tendance à cacher dans les éditions des œuvres de Luther de 1983[2] est désormais de plus en plus accepté et rendu public, provoquant un choc pour de nombreux paroissiens qui ne savaient pas à quel point Luther était hostile au judaïsme. On dispose aujourd'hui d'un certain nombre de livres spécialisés qui décrivent et interprètent en détail l'antijudaïsme de Luther[3]. Luther ne réclamait certes pas un génocide; il avertissait plutôt les chrétiens de ne pas se venger des Juifs. Par contre il a demandé à plusieurs reprises de brûler le Talmud, d'expulser les Juifs ou de contraindre ceux qui le peuvent aux travaux forcés, ou encore d'incendier les synagogues[4]. Ce n'est pas sans raison que Martin Sasse, évêque de l'Église luthérienne de Thuringe, écrit en 1938 que les pogroms de la nuit de Cristal, du 8 au 9 novembre, étaient un cadeau d'anniversaire pour Luther[5].

Les juifs n'étaient pas les seuls à être la cible de Luther, les musulmans aussi. Luther a appelé à la guerre contre les Turcs. Il s'est attaqué en outre aux anabaptistes, aux pentecôtistes, aux paysans, à Érasme et – *last but not least* – aux catholiques. En 1545, les théologiens de Louvain furent la cible d'une série de thèses de Luther qui pour une part ne relèvent plus de l'argumentation mais plutôt de l'insulte pure et simple[6]. Il faudra voir combien d'excuses pourront être

[2] Cf. K. BORNKAMM/Gerhard EBELING (éds), *Martin Luther. Ausgewählte Werke in sechs Bänden*, Frankfurt/M, Fischer, 1983, mais aussi l'édition critique élaborée en RDA: H.-U. DELIUS (éd.), *Martin Luther Studienausgabe in sechs Bänden*, Leipzig, EVA, 1987ss. L'année 2016 a même vu paraître deux éditions commentées de *Von den Juden und ihren Lügen:* K.-H. BÜCHNER *et al.* (éds), *Von den Juden und ihren Lügen. Erstmals in modernem Deutsch mit Originaltext und mit Begriffserläuterungen*, Aschaffenburg, Alibri, 2016, et M. LUTHER, *Von den Juden und ihren Lügen neu bearbeitet und kommentiert von Matthias Morgenstern* avec préface de Heinrich Bedford-Strohm (président du conseil des Églises protestantes en Allemagne), Berlin, Berlin University Press, 2016.

[3] Cf. pour un bilan sur cette question: T. KAUFMANN, *Luthers «Judenschriften». Ein Beitrag zu ihrer historischen Kontextualisierung*, Tübingen, Mohr Siebeck, 2011, et T. KAUFMANN, *Luthers Juden*, Stuttgart, Reclam, 2014.

[4] Cf. M. LUTHER, *Von der Juden und ihren Lügen*, voir Ann. 2 et d'autres écrits.

[5] Cf. M. SASSE, *Luther und die Juden – Weg mit Ihnen*. Freiburg, Sturmhut Verlag, 1938.

[6] Cf. M. LUTHER, *Contra XXXII articulos Lovaniensium Theologistarum*, WA 54, 425-430. La thèse 37 parle par exemple du fumier (*sterquilinum*) et de l'égoût des

présentées pendant le jubilé. Quoi qu'il en soit, la fierté, voire le triomphalisme, des anciens anniversaires de la Réforme, semble éliminée. Elle a cédé la place à un réalisme qui voit plutôt en Luther un homme avec ses fautes, ses péchés, ses abîmes. Célébrer ainsi les 500 ans de la Réforme serait certainement assez proche d'un thème fondamental de la théologie de Luther qui s'appelait lui-même « sündiger madensack » (un pécheur grouillant de vers), qui ne voulait pas qu'on donne son nom à une Église et qui a forgé la formule *simul iustus et peccator* (à la fois juste et pécheur). La première des 95 thèses parle de la pénitence et dit que toute notre vie devrait être une pénitence perpétuelle. C'est donc aussi une année de demande de pardon, de réconciliation, de *metanoia*, de pénitence, une année qui, contre de fortes pressions dans la mentalité actuelle, souligne que la faute n'ôte pas à l'homme sa dignité, mais que l'aveu de la faute le rend plus humain. C'est la grâce de Dieu seule qui le tient toujours. Voilà une des tendances de la célébration de ce jubilé.

Mais il y en a d'autres. Bien sûr des initiatives touristiques, médiatiques, économiques, artistiques ou politiques sont associées au jubilé. En plusieurs endroits, on peut acheter pour les adultes des bières de Luther et pour les enfants des figurines Playmobil du Réformateur. Pour tous, on organise de grandes expositions avec les représentants de l'État. Il faut aussi mentionner les expositions nationales exceptionnelles sur la Réforme à Berlin, Eisenach, Torgau et Wittenberg. Elles sont présentées sous le titre: « Die volle Wucht der Reformation » (la Réforme de plein fouet) et se consacrent à des sujets comme « L'effet Luther – 500 ans de protestantisme dans le monde ». Sans compter une série de romans très amusants écrits par un pasteur allemand, *La vie de Luther* ou *La croisière de Luther*, mettant en scène un concierge qui après avoir foncé à toute vitesse dans un chêne de Luther et être tombé dans le coma, se prend pour Martin Luther et vit toutes sortes d'aventures qui transmettent le message du Réformateur au monde moderne[7].

Ce *buzz* médiatique autour de Luther est compréhensible, voire nécessaire, et il est porteur de potentialités, comme celle de parler de Dieu dans un monde séculier, ainsi que le souligne Thies Gundlach,

Louvanistes (*Cloaca lovaniensium*). Luther va même jusqu'à dire, dans la thèse 49: « Necesse est lovanienses esse crassissimos porcos Epicuri » et il nommait les théologiens de Louvain, dans sa thèse 35, « Apostatae et Blasphemistas ».

[7] Cf. F. Leibrock, *Lutherleben. Ein Reformation-Roman*, Petersberg, Michael Imhof Verlag, 2011, et *Luthers Kreuzfahrt*, Petersberg, Michael Imhof Verlag, 2012.

vice-président de l'office central des Églises protestantes allemandes dans une vidéo sur la page web de la EKD (Evangelische Kirche in Deutschland, la fédération protestante allemande). Mais il y a cependant au moins deux raisons pour considérer ce folklore autour de Luther avec un œil critique. En effet, on ne peut pas tenir facilement les deux aspects en même temps: d'un côté, un Luther démythologisé, un homme pécheur et fautif qui fournit des motifs pour des excuses publiques, et de l'autre, un héros populaire de la publicité. Même si Luther lui-même réunissait les deux côtés dans sa personnalité, il est difficile de présenter au public un des ancêtres de l'antisémitisme comme un personnage sympathique, voire comme un modèle d'identification. Même s'il est clair que l'antijudaïsme était largement répandu à l'époque de Luther et que beaucoup d'États européens (Angleterre 1290, France 1394, Espagne 1492, Portugal 1493, et, plus tard, l'État du Vatican 1593, etc.) avaient déjà expulsé les juifs, la logique d'identification propre au grand public s'oppose à la doctrine chrétienne qui, de son côté, ne fait pas de différence décisive entre petits péchés véniels sympathiques et grands péchés mortels déclarés impardonnables. Les médias n'acceptent pas vraiment le *simul iustus et peccator*. Pour le grand public, celui qui a commis des péchés graves et monstrueux est exclu. Seul un héros qui a commis des fautes modestes, humainement compréhensibles, a quelque valeur. Une faiblesse pour la bière, oui, mais pas la demande insistante de brûler les synagogues. Si le public était prêt à reconnaître une vérité plus profonde, à savoir que ce que nous considérons comme des fautes graves sont des choses que nous tous avons commises, au moins en pensée ou par inaction, comme la famine dans le monde, alors peut-être le pari pourrait-il être gagné et une réconciliation plus profonde de la société avec son passé, ou de chacun avec son prochain ou avec soi-même, deviendrait possible. Vu la puissance des médias et leur logique, on a cependant de bonnes raisons d'être sceptique.

De plus, la concentration sur Luther correspond à la logique des médias et d'un public qui recherche une personnalisation, qui se concentre sur une personne. Malgré des résistances, les Églises allemandes ont décidé de célébrer une décennie consacrée à Luther entre 2007 et 2017 et non pas une décennie de la Réformation. Le résultat ne correspond pas à la réalité historique, dans la mesure où Luther ne peut pas être compris sans ses collaborateurs et où la Reforme est un mouvement beaucoup plus important que celui initié par le seul Luther.

Une récolte scientifique en cours

Le problème de la personnalisation influence également la recherche scientifique. Beaucoup, probablement trop, d'ouvrages paraissent sur Luther. Cela se fait au détriment d'autres anniversaires de personnages importants comme Leibniz dont le 300e anniversaire de la mort est passé presque inaperçu. Cela dit, la concentration sur Luther ne nuit pas au travail scientifique sur les autres Réformateurs, qui jouissent d'un intérêt accru grâce au jubilé: Melanchthon, Bucer, Calvin, ou de moins connus comme Bugenhagen ou Osiander, ou encore les femmes actives dans la Réforme ou les dissidents comme Karlstadt ou Müntzer – partout, ces dernières années ont vu paraître de nouvelles éditions et études scientifiques mais aussi de nouveaux ouvrages de vulgarisation. C'est seulement après un certain temps que l'on pourra décider quelles ont été les nouvelles découvertes scientifiques de la période du jubilé. Pour ce que l'on peut observer actuellement, le débat des historiens se structure selon une controverse entre les chercheurs qui interprètent Luther par son héritage et en relation avec la théologie et la mystique du Moyen-Âge (p. ex. Volker Leppin) et d'autres qui l'étudient à partir de ce qui l'a suivi (p. ex. Thomas Kaufmann). Pour le premier courant, les questions sont celles-ci: à quel point Luther était-il un mystique influencé par Bernard de Clairvaux et par Jean Tauler[8]? À quel point ne faisait-il que reprendre des critiques du Moyen-Âge contre la papauté et l'Église? L'autre courant, qui lit Luther plutôt à partir de ce qui le suit, souligne davantage la nouveauté de ce qui est arrivé avec Luther, et qui avait la force de changer l'Europe.

Un autre élément fort des discussions est la remise en question de l'historicité d'un bon nombre d'événements de la Réformation: l'affichage des 95 thèses, le «Hier stehe ich, ich kann nicht anders. Gott helfe mir» («Je persiste, je ne puis autrement, que Dieu me soit en aide») que Luther se souvient avoir dit devant Charles Quint à la diète de Worms en 1521, ou encore, partiellement, la présentation que Luther fait de lui-même, en 1545, dans la préface de l'édition de ses œuvres en latin, qui décrit sa découverte de la doctrine de la justice passive donnée gratuitement par Dieu (WA 54,185,12 - 186,20). Sur

[8] Cf. V. Leppin, *Die fremde Reformation. Luthers mystische Wurzeln*, Munich, Beck Verlag, 2016.

ce point, on a fait remarquer que Luther a d'abord découvert la pénitence et puis seulement la justification par la foi seule[9].

En ce qui concerne la recherche, on peut constater un vrai pas en avant dans le travail critique sur les *Tischreden* (Propos de table) de Luther dont on a montré qu'ils sont historiquement douteux[10]. On pourrait développer une recherche historico-critique pour mieux comprendre les origines et la composition de ces Propos de table. Un autre pas en avant est l'approfondissement des recherches sur les réactions de l'Église romaine vis-à-vis de Luther. Au lieu de comprendre la volonté du jeune Luther de réformer l'Église, le magistère a très vite perçu le personnage comme un de ces barbares germaniques, ennemis de la papauté[11].

Dans les débats sur Luther, les historiens profanes et ecclésiastiques sont fortement représentés; les systématiciens le sont beaucoup moins. L'importante contribution des grands interprètes de Luther fut de fournir un éclaircissement mutuel de la pensée de Luther et de la vérité chrétienne pour notre temps. Les derniers grands maîtres en ce domaine furent Dietrich Bonhoeffer, par sa critique insistante d'un «certain luthéranisme» qui n'était pas fidèle à Luther, et Gerhard Ebeling qui, dans sa dogmatique et ses nombreux articles sur le Réformateur, a développé une réception herméneutique qui présente Luther comme une aide pour comprendre la vie et la foi. Mais après ces grands interprètes, la génération contemporaine ne semble plus avoir de quoi penser une contribution substantielle de Luther pour la foi aujourd'hui, qui irait au-delà de ce qui a été dit. On en vient plutôt à systématiser un peu mieux la pensée de Luther, ou on trouve chez lui des arguments en faveur de la théologie que l'on ferait de toute façon aujourd'hui, avec ou sans la bénédiction de Luther. Ce n'est pas rien,

[9] Cf. WA 1,524,4-23.

[10] K. Bärenfänger, Volker Leppin et Stefan Michel (éds), *Luthers Tischreden*, Tübingen, Mohr & Siebeck, 2013.

[11] Cf. V. Reinhardt, *Luther der Ketzer*, Munich, Beck Verlag, 2016. Notons que ce livre a été l'objet d'une publicité exagérée. La publicité de la maison d'édition prétend exposer pour la première fois ce sujet d'après une perspective romaine et Reinhardt ne voit pas que depuis le début du XXe siècle la recherche protestante a intégré cette perspective et qu'elle cite les documents que Reinhardt présente comme de grandes découvertes. Le schéma «Luther allemand contre Rome» est un des schémas chers à l'historiographie allemande du XIXe siècle dans le sillage de Leopold von Ranke.

c'est parfois même de la grande théologie; mais on n'y trouve pas l'effet d'une tradition vivante et inspirante.

Un exemple de ce qui se fait dans la première direction qu'on vient de mentionner est l'intérêt renouvelé pour la doctrine des trois états: état économique, état politique et état ecclésiastique, une doctrine reprise par des éthiciens protestants comme Hans Ulrich et Oswald Bayer[12]. Il est possible de montrer que les principaux adversaires de Luther peuvent être considérés comme destructeurs d'un de ces états. Le pape, de l'état ecclésiastique; les paysans révolutionnaires, de l'état politique, et les usuriers et les prostituées, de l'état économique. Lorsqu'on la compare à la critique clémente que Luther faisait parfois d'autres péchés, l'attaque contre ceux et celles qui détruisent ces états est particulièrement violente. Hans Ulrich tire de ce constat l'idée selon laquelle, par fidélité envers la création, il est important de résister d'abord aux personnes et aux tendances qui détruisent un de ces trois états. Cependant, l'impact sur l'éthique contemporaine n'est pas très grand. La responsabilité pour l'existence et le bon développement des institutions est déjà et depuis longtemps un sujet dans l'éthique chrétienne et, concrètement, la référence à Luther ajoute très peu à ce sujet d'une grande actualité. Le mérite de ce travail réside surtout dans une systématisation des prises de position de Luther.

Un autre exemple illustrant la seconde direction des études systématiques est la reprise de Luther chez les systématiciens qui considèrent la christologie et les autres lieux de la dogmatique comme moyens de l'auto-compréhension humaine. Christian Danz écrit par exemple: «En référence à la tradition de la Réforme, la foi signifie cet événement par lequel un être humain parvient dans sa vie à la compréhension de lui-même. La foi, par conséquent – et ceci est déjà contenu dans la définition précédente – ne peut précisément pas être comprise comme un "tenir-pour-vrai" de contenus historiques ou métaphysiques. Pour Luther, cela n'aurait pas été une foi au sens protestant du terme, une foi qui saisit le Christ, mais au mieux une *fides historica*, un simple "tenir-pour-vrai" extérieur. Une telle compréhension de la foi contredirait de plus l'idée protestante selon laquelle la foi n'est justement pas une œuvre que l'être humain devrait

[12] Cf. H. Ulrich, *Wie Geschöpfe leben. Konturen evangelischer Ethik*, 2e éd., Berlin, Lit-Verlag, 2007, p. 103s. O. Bayer, *Natur und Institution. Luthers Dreiständelehre*, dans Idem, *Freiheit als Antwort*, Tübingen, Mohr & Siebeck, 1995, p. 13-19.

réaliser[13] ». Danz reprend ici un élément de la pensée de Luther, sa critique de la *fides historica*, pour appuyer sa théorie de la foi comme auto-compréhension qui n'a pas besoin d'une réalité externe pour croire. Il est cependant évident que l'idée de l'*extra nos* de la foi et du salut, de la passivité de la réception de la grâce, l'importance de la prédication et l'incarnation ne sont pas intégrées au même titre dans l'argumentation de Danz, bien que ces idées soient chères à Luther. Après Paul Tillich, avec Bonhoeffer, le plus fameux théologien luthérien du XXe siècle, dont la Théologie systématique a une orientation fortement ontologique, et après Wilfried Joest et une école finlandaise qui s'intéressaient à l'ontologie de Luther comme un modèle[14], Danz cite Luther comme précurseur de la critique de toute ontologie. Il est difficile de dire que Danz ait actualisé Luther: il semble que des citations de Luther fournissent plutôt un appui à une théorie idéaliste qui a sa grandeur et ses mérites, ainsi que ses problèmes propres, mais que le réformateur n'aurait certainement pas acceptée à son époque.

Quelle réception de Luther en 2017?

Trois approches sont, plus que d'autres, objets de discussion aujourd'hui. La première consiste à comprendre Luther comme un théologien de la liberté et du courage de confesser la vérité même lorsqu'on est menacé. Luther avait fait preuve de cette *parrhèsia* à la diète de Worms en 1521. La découverte de la liberté était si importante pour lui qu'il a changé son nom de Luder en Luther pour faire allusion au grec *eleutheros*, « libre ». Dans son traité de la liberté chrétienne, il présente l'homme comme libre seigneur de toutes choses dans le monde et en même temps comme serviteur de tous. Dans la controverse avec Érasme, il défend l'incapacité de la liberté humaine dans tout ce qui concerne le salut. Lors de la guerre des paysans, il se distancie d'un combat pour la liberté sociale et politique, limitant de toute évidence la liberté à une liberté intérieure et spirituelle. Ces

13 C. Danz, *Grundprobleme der Christologie*, Tübingen, Mohr & Siebeck, 2013, p. 216.

14 W. Joest, *Ontologie der Person bei Luther*, Göttingen, Vandenhoeck & Ruprecht, 1967, et S. Peura, *Mehr als ein Mensch? Die Vergöttlichung als Thema der Theologie Martin Luthers*, Mainz, Philipp von Zabern, 1994.

diverses prises de position sont jusqu'à aujourd'hui difficiles à réconcilier, comme on le voit dans les débats théologiques. Le travail conceptuel de la modernité, avec toutes ses différences, peut aider à mieux comprendre ce sujet, mais crée aussi de nouveaux enjeux. Honorer et célébrer Luther ne consiste donc pas seulement à appliquer sa pensée à notre temps, mais plutôt à se laisser saisir par le sujet et l'expérience de la liberté.

Une autre approche voit plutôt dans Luther le réformateur de l'Église. L'ecclésiologie est un des champs sur lesquels Luther a mis en route un processus d'innovation. Il est vrai que ce sont plutôt des reprises d'idées déjà développées par saint Augustin ou par la critique de l'Église au Moyen-Âge. Néanmoins, Luther a lié ces idées à une pratique et à une expérience ecclésiale et il leur a donné une forme spécifique. J'aimerais évoquer seulement trois éléments.

(1) La différence entre Église visible et invisible conduit chez Luther à une pensée différente du magistère. L'Église invisible, la communauté de celles et ceux qui croient vraiment, est une réalité qui traverse toutes les Églises chrétiennes. Partout, il y a des frères et sœurs: chez les orthodoxes, chez les catholiques, et aujourd'hui aussi dans les Églises libres ou chez les pentecôtistes. Partout, il y a la vraie Église invisible créée par la parole de Dieu et unie dans la foi et dans l'amour. Les Églises en tant qu'organisations, les Églises visibles, sont toujours plus ou moins portées par l'Église invisible, mais elles s'éloignent aussi toujours plus ou moins d'elle. Finalement c'est à Dieu de décider où se trouve ou non la vraie Église. Compte tenu de cette situation, il paraît incompréhensible qu'une organisation ecclésiale comme l'Église catholique romaine décide d'accorder le titre d'Église à certaines Églises comme les Églises orthodoxes et de ne pas l'accorder à d'autres, comme les Églises luthériennes. Il n'est pas compréhensible d'exclure certains chrétiens de la célébration de la Sainte Cène. Au lieu de s'accorder à la réalité créée par Dieu, la hiérarchie romaine contrôle et définit la réalité à sa manière. Dans ces définitions, elle suit une certaine interprétation des passages bibliques et de la tradition, mais elle ne s'ouvre pas aux réalités qui échappent à cette interprétation, pas plus qu'elle ne tire les conclusions des critiques que les historiens et les exégètes ont adressées à cette interprétation.

(2) Selon Luther, l'Église invisible est créature de la parole («*Creatura verbi*») de Dieu. Dieu et sa parole priment sur la hiérarchie: ils lui demandent de se mettre au service de la parole de Dieu, d'être prête à valoriser les laïcs qui tous ont reçu le sacerdoce universel, ce qui inclut une flexibilité pour réformer profondément les structures. En modernité, les Églises protestantes ont toutes tiré la conclusion qu'il fallait donner un rôle plus important aux laïcs, hommes et femmes, et intégrer plus de structures démocratiques dans l'Église. Ce que Luther a dit conduit aussi à reconnaître les erreurs, les fautes et les péchés de l'Église.
On a souvent critiqué le titre d'antéchrist que Luther applique au pape. Cette critique est légitime en tant que ce qualificatif appartient à une conception apocalyptique de l'histoire qui menait Luther à prévoir la fin du monde dans un délai de quelque 50 ans; avec l'antéchrist, il est impossible de discuter. Mais ce terme veut aussi dire que le pape a remplacé le Christ dans certaines fonctions. Ne relève-t-il pas par exemple de Dieu plutôt que du pape de décider qui est auprès de Dieu, qui est un saint et qui ne l'est pas encore?

(3) Luther a toujours lutté contre un surcroît de créativité ecclésiale. Il craignait l'abondance des dogmes et des normes que l'Église demande aux fidèles d'accepter. La réformation peut être considérée comme un grand recentrement sur le cœur de la foi: le salut. Luther écarte des idées et des dogmes comme le purgatoire, les saints, la transsubstantiation, les indulgences, il diminue le nombre des sacrements, etc. Tout cela conduit à une concentration sur ce qui est vraiment nécessaire pour le salut.

Walter Kasper a critiqué ces deux images d'un «Luther héros de la liberté» et d'un «créateur d'une ecclésiologie plus moderne que l'ecclésiologie catholique» pour mettre en avant une troisième image: la miséricorde de Dieu que Luther a découverte[15]. Cette miséricorde est proche de la théologie de la miséricorde du pape François et ouvre sur une nouvelle proximité entre catholiques et protestants. En tant qu'elle demande la miséricorde envers le prochain, cette théologie est incontestablement très importante pour aujourd'hui.

[15] W. KASPER, *Martin Luther*, p. 27-71.

En tant que théologien protestant j'aimerais néanmoins « protester » contre la proposition de Kasper: en fin de compte, elle rend Luther profondément inintéressant. Il suffit d'écouter le pape François. Cette position se prive de ce qui est peut-être aujourd'hui le message le plus précieux que Luther peut avoir pour l'Église catholique: la liberté et l'ecclésiologie. L'Église catholique romaine a toujours besoin de plus de liberté, et surtout elle a besoin d'une nouvelle ecclésiologie. En cela, elle pourrait s'inspirer non seulement de Vatican II, mais aussi de Luther.

Encore une dernière remarque. Il est parfois pénible de lire les insultes de Luther, mais il y a aussi un bonheur à le lire. Le bonheur de lire Luther: burlesque, fin, mystique et profond. Pour beaucoup de théologiens catholiques, Luther est un auteur qu'ils aiment lire. Ce plaisir de lire Luther est peut-être la plus grande opportunité pour le jubilé. Luther un peu comme Shakespeare, sait allier dans ses écrits des passages d'une finesse et d'uneprofondeur inépuisable et des formulations burlesques qui prêtent à rire.

Conclusion

Évangélique[16], réformé et protestant, en vue d'un dialogue

Pour conclure, j'aimerais proposer une distinction entre trois adjectifs: évangélique, réformé et protestant. *Évangélique* désigne l'évangile que Luther, à son époque, a découvert à sa manière. À l'origine, l'évangile est confié à l'Église par le Christ et les apôtres. Pour chaque époque et pour chaque être humain, cet évangile doit trouver sa forme. Les Églises protestantes et l'Église catholique romaine sont fondées par le même évangile et au service du même évangile, voilà ce qui les réunit profondément.

Réformé (« Das Reformatorische ») s'applique aux réformes de l'Église que Luther demandait, comme beaucoup de ses contemporains, d'ailleurs. Ces réformes doivent être au service de l'évangile. C'est par amour des catholiques et non pas par manque de respect à leur égard que les protestants continueront à interroger l'Église catholique pour lui demander si les crises dans lesquelles elle se

[16] En Allemagne, les Églises protestantes se nomment Églises évangéliques.

trouve ne sont pas des résultats d'un manque de réformes: crise des vocations en Europe, diminution en pourcentage des membres de l'Église catholique dans des pays d'Afrique et d'Amérique latine au profit d'Églises pentecôtistes, crise de gouvernance, manque de transparence dans des cas d'activités inadmissibles de prêtres, qu'elles soient sexuelles ou financières. C'est un problème structurel: le catholicisme repose trop sur la personne du pape et il ne respecte pas assez les laïcs et les femmes. Sur ces points, il sera difficile de trouver un accord œcuménique.

Le troisième mot c'est le mot *protestant*. Il est lié à la diète de Spire en 1529. C'est la protestation des princes qui ont admis la foi luthérienne dans leurs territoires, et qui protestaient contre une abolition de cette liberté. Le protestant désigne l'exercice public et politique de la liberté chrétienne. Dans ce domaine, des protestants allemands comme Heinrich Bedford-Strohm, Président du conseil des Églises protestantes en Allemagne, soulignent l'importance d'une théologie publique («public theology»).[17] On observe actuellement un essor considérable de cette théologie publique dans le protestantisme allemand. Très souvent, dans leurs prises de position, les protestants qui font de la théologie publique sont proches des positions du pape François, ce qui montre la justesse de certaines observations de Walter Kasper. Pour beaucoup de questions sociales et éthiques, protestants et catholiques font des choix très proches, voire identiques. Par des actions communes, ils peuvent avoir un impact énorme. L'engagement commun de catholiques et de protestants pour les réfugiés est un exemple récent de ce qui est possible.

Cela ne saurait être la tâche de théologiens protestants, mais bien celle de catholiques que de développer une nouvelle ecclésiologie. Pour le dialogue œcuménique, il peut être plus fructueux de retenir des sujets qui touchent l'évangélique, le réformé et le protestant à la fois. Il faut également choisir des sujets où le champ est ouvert parce qu'aucune prise de position du magistère n'est intervenue.

[17] Cf. H. Bedford-Strohm, *Position beziehen. Perspektiven einer öffentlichen Theologie*, Munich, Claudius Verlag, 2015, F. Höhne, *Öffentliche Theologie. Begriffsgeschichte und Grundfragen*, Leipzig, Evangelische Verlagsanstalt, 2015 et F. Höhne, F. van Oorschot (eds), *Grundtexte öffentlicher Theologie*, Evangelische Verlagsanstalt, Leipzig 2015.

Une série d'articles de débats

Dans la situation actuelle, trop de dialogues ne font que permettre un échange d'idées, mais trop peu de réels débats font évoluer la pensée. Dans les prochains fascicules de la *Revue théologique de Louvain*, nous voulons engager un débat entre théologiens protestants et catholiques. Pour ce débat, nous avons retenu des thèmes marqués par une exclusive dans le protestantisme: *sola gratia*, par la grâce seule, *sola fide*, par la foi seule, *solo verbo* ou *sola scriptura*, par la parole ou l'Écriture seule, et *solus Christus*, le Christ seul. Chaque thème traité par un protestant de langue allemande sera suivi d'une «réponse» confiée à un théologien catholique – pour moitié de la Faculté de théologie de l'UCL.

Ces exclusives sont des formulations osées et délicates. Elles peuvent facilement provoquer des malentendus. Beaucoup de difficultés dans le développement du protestantisme peuvent être analysées comme des conséquences d'une certaine compréhension de ces formules exclusives: le *sola gratia*, mal compris comme grâce à bon marché (Bonhoeffer), a conduit au quiétisme, à une passivité et un manque d'élan pour s'engager dans le monde. Le *sola fide* a pu conduire à un fidéisme opposé à la raison et à une compréhension rationnelle de la foi. Le *sola scriptura* a pu conduire au fondamentalisme évangélique avec sa foi en la Bible comme livre infaillible, même dans les domaines des sciences de la nature. Ces interprétations problématiques des *sola* sont une des raisons les plus courantes des critiques du catholicisme vis-à-vis des protestants. Il peut être utile d'avancer sur ce point. Par ailleurs, jusqu'à présent, les *sola* sont repris par des théologiens protestants pour souligner la différence d'avec la doctrine catholique. Ce n'est pas sans raison que le livre d'Eberhard Jüngel *Das Evangelium von der Rechtfertigung des Gottlosen als Zentrum des christlichen Glaubens*[18], un livre né de la critique contre la déclaration commune aux luthériens et aux catholiques sur la doctrine sur la justification, se termine par une longe étude sur les *sola*.[19] Ce que les théologiens protestants ont à dire sur les *sola* peut être intéressant pour les théologiens catholiques parce qu'ils

[18] E. JÜNGEL, *Das Evangelium von der Rechtfertigung des Gottlosen als Zentrum des christlichen Glaubens. Eine theologische Studie in ökumenischer Absicht* 2e éd., Tübingen, Mohr, 1999 (1re éd. 1998).

[19] *Op.cit.* p. 127-220.

présentent une expression différente de l'évangile et de la théologie publique, ainsi qu'une vision différente de l'Église.

Le résultat de notre débat est ouvert: il se peut que les auteurs protestants présentent une compréhension des *sola* que leurs partenaires catholiques peuvent accepter; mais il se pourrait aussi que de graves différences demeurent, voire s'accentuent. Un résultat, néanmoins, sera prévisible. Les insultes de Luther, dans ses 75 thèses «contra XXXII articulos Lovaniensium theologistarum», se terminent avec une annonce: «Dixi» (J'ai dit), «dicamque brevi plura Deo favente» (et sous peu, je dirai encore plus, si Dieu le veut). La menace de poursuivre ces invectives n'a pas été suivie d'effets. Il semblerait que Dieu ne l'ait pas vraiment voulu. Les thèses contre les théologiens de Louvain ne définiront évidemment pas l'esprit dans lequel le débat sera mené dans les pages de cette revue. En tant que théologien protestant, j'aimerais plutôt exprimer mon regret pour ce que Luther a écrit dans ce texte, et demander pardon aux théologiens de Louvain, que je considère comme des amis et des frères en Christ. Je les remercie d'avoir accepté ce débat malgré cette préhistoire.

Martin LEINER

Sola gratia

Les concepts qui cherchent à saisir ce qui est le plus précieux dans la vie humaine présentent un aspect tragique: les comprendre en les explorant et les définir en débattant rend ces concepts plus imprécis et les banalise. Cela vaut pour l'amour, l'âme et la liberté comme aussi pour la grâce.

Le véritable contexte de l'expression *sola gratia*, c'est dans la question du salut. Le salut de l'homme vient par pure grâce, comme un pur cadeau de Dieu. Les écrits de la Réforme ajoutent immédiatement à cette expression: et non par les œuvres de l'homme. Si l'on formule les choses comme une question, ce serait la suivante: le salut vient-il par Dieu ou par l'agir de l'homme? La réponse de la Réforme est univoque: c'est seulement par Dieu, seulement et exclusivement par la grâce. Dans les argumentations confessionnelles, la *sola gratia* a toujours aussi été pensée à partir de ses possibles négations et contradictions, mais également à partir des dangers qu'elle suscite et des tentations qu'elle fait naître. La réflexion a encore tourné autour de la *sola gratia*, pour tenter de la comprendre.

Pour une compréhension plus actuelle, il sera utile d'exprimer la problématique autrement. La formule *Sola gratia* ne dit pas avant tout quelque chose de l'*alternative* homme ou Dieu; elle ne dit pas non plus d'abord quelque chose de la *façon* dont l'homme parvient au salut ou de la façon dont le salut parvient à l'homme. C'est la formule synthétique pour dire que le salut est ainsi fait qu'il ne peut s'accomplir autrement que comme un don et par une réception. Pas de revendication à faire valoir: le salut ne peut être réclamé et n'est pas à mériter. Mais la grâce n'est pas davantage arbitraire, accidentelle ou aveugle. Comme pur don, la grâce vaut pour tous les hommes, elle agit de manière universelle.

Cette asymétrie absolue n'est salutaire et porteuse de vie que parce qu'elle émane de Dieu, le Bien parfait. Les relations interhumaines ne peuvent pas se construire seulement à partir du principe de la *sola gratia;* elles ont toujours besoin aussi de garanties juridiques. Et peut-être est-ce également cela qui peut être difficilement supportable dans la relation à Dieu: elle n'est pas une relation fondée sur le droit.

Dans la religion, la tentation est grande de comprendre la relation à Dieu à partir du droit ou de l'économie. Si les relations juridiques (lorsqu'elles fonctionnent véritablement) sont attirantes, c'est parce qu'elles sont prévisibles, fiables et stables et qu'elles fonctionnent indépendamment des comportements émotionnels et existentiels.

Le rapport à Dieu comme relation positive envers Dieu est tel qu'«il nous concerne inconditionnellement»[1].

L'inverse est vrai aussi: Dieu a décidé lui-même de se laisser inconditionnellement concerner par l'histoire de l'humanité et, avec elle, par celle du cosmos. L'histoire de l'humanité, les histoires de vie individuelle deviennent l'histoire de Dieu. Dans le christianisme, c'est ce qu'implique la foi dans le fait que Dieu est présent dans l'histoire de Jésus-Christ. Cela signifie aussi que la vie entière de l'homme est importante pour sa relation à Dieu: la vie quotidienne et la vie professionnelle, la sexualité et toutes les expériences vécues par le corps, la fête et la mort, l'art et la science. Cela ne signifie cependant pas – comme on l'a pensé pendant des siècles – que tous ces domaines devraient être réglés par l'Église (comme institution) et par la théologie (comme réflexion scientifique sur la foi chrétienne).

La grâce comme plénitude

Sola gratia affirme donc que ce qui est décisif nous arrive comme don et ne peut venir autrement que comme don.

Ceci est porteur d'un enseignement sur Dieu. Dieu est donateur par essence car dans son essence, il y a l'amour[2]. Une riche tradition théologique et philosophique comprend Dieu comme une plénitude débordante qui submerge, à qui il appartient de se tourner justement vers l'Autre, plus encore: de créer de l'autre. *Gratia* qualifie Dieu lui-même. Ici, les métaphores empruntées à l'esthétique sont significatives:

[1] P. Tillich, *Systematische Theologie I*, 8e éd., Berlin - New York, 1987, p. 19. La traduction française (*Théologie systématique*, trad. par André Gounelle, Paris - Genève - Québec, 2000, p. 28) préfère la traduction: «préoccupation ultime» mais ajoute: «La préoccupation ultime est inconditionnelle».

[2] Une très belle formulation de Gerhard Ebeling: «la grâce est le large cœur de Dieu, qui élargit les cœurs», G. Ebeling, *Dogmatik des christlichen Glaubens II*, 3e éd., Tübingen, 1989, p. 115.

Dieu est splendeur, plénitude et lumière. Il est magnificence et perfection. Il est beauté et lumière.

Il est difficile d'écrire sur ce sujet, car lorsqu'on propose ce genre d'images de Dieu, bien des clignotants intellectuels se mettent au rouge, et à juste titre. En particulier, un tel discours sur Dieu risque toujours d'apparaître kitsch; mais le risque est encore plus grand qu'il devienne une consolation qui aveuglerait sur la réalité et une fuite qui ignorerait l'histoire.

À l'évocation des hommes gazés à Auschwitz et au souvenir des victimes de guerre en Syrie, qui pourrait supporter l'idée de la gloire de Dieu? Personne, du moins s'il est à même de penser et d'éprouver des sentiments. Mais en réalité, c'est plutôt le contraire: qui pourrait, s'il tient compte de la lumière et du Dieu de lumière, supporter d'avoir conscience des victimes de guerres, des tués et des réfugiés? La vérité de cette idée de Dieu n'est-elle pas précisément là du fait que la guerre, la violence et la cruauté sont intenables pour la pensée, de même qu'ils détournent de la vie les hommes directement concernés? Par le fait qu'une telle idée de Dieu rend encore plus douloureux l'assassinat et la violence de la guerre, elle permet en même temps de vivre avec des pensées aussi insupportables, de continuer à penser et à agir pour changer les choses. Parce que Dieu est amour, plénitude et lumière, on peut espérer que la guerre et la violence n'auront pas le dernier mot, mais qu'à la fin, tout ce qui est vivant sera retrouvé, avec ses blessures, dans l'amour débordant. Des théologiens audacieux se risquent dès lors à affirmer: «C'est la gloire de Dieu qui le cache»[3].

La grâce ne donne pas quelque chose; elle est grâce par le fait qu'elle se donne en partage. La plénitude débordante de Dieu se donne en partage[4], ce par quoi l'homme est lui même transformé en un être qui vit de cette plénitude et qui, de lui-même, veut la partager à d'autres et en faire don à d'autres.

Les débats du moyen-âge et de la Réforme tournèrent autour de la question de savoir si la grâce était une réalité créée déterminée ou le Saint-Esprit lui-même ou bien plutôt une attitude de Dieu. Si l'on

[3] E. JÜNGEL, «Die Offenbarung der Verborgenheit Gottes», dans ID., *Wertlose Wahrheit. Theologische Erörterungen III*, 2e éd. Tübingen, 2003, 163-182, p. 166.

[4] Le concept de «plénitude» non seulement peut être utilisé comme concept de base d'une pensée sur Dieu, mais peut être adopté aussi comme concept fondamental d'une théorie actuelle de la religion, voir C. TAYLOR, *A Secular Age*. Cambridge, MA, 2007 (tr. française: *L'âge séculier*, Paris, 2011).

comprend la grâce comme plénitude, on devrait répondre comme ceci: Dieu est plénitude débordante; comme tel, il donne part à cette réalité qui est la sienne, mais de façon telle que ce qui est humain et individuel reste humain et le devient dans la vie issue de la plénitude et dans la plénitude débordante. Dieu est donateur et don, son être est son action, la réception de ce don est déjà en soi participation (*sola fide*). La grâce est la réalité de Dieu, son action et le résultat de son action (comme participation à sa réalité).

Le principe de *Sola gratia* vaut autant par rapport au salut de l'homme que comme structure anthropologique de base. L'homme vit de recevoir et de la capacité à recevoir. Ceci se vérifie déjà sur le plan de la vie personnelle: l'enfant qui se développe vit de ce que d'autres êtres humains lui apportent et de ce qu'ils lui offrent comme amour, comme stimulations et comme attentions. On peut aussi généraliser et dire que toute action et toute activité de l'homme vit de la réceptivité. L'activité créatrice de l'homme présuppose toujours une matière et elle présuppose que des expériences de créativité lui soient présentes à travers des exemples du monde vécu et à travers la mémoire culturelle. Dans l'histoire de la théologie, la réception a été souvent présentée comme «passive» – et cela dans le souci justifié de réfuter une fausse idée de la réalisation de soi et de l'autonomie. La réception et la réceptivité ne peuvent cependant pas être correctement cernées par la distinction générale entre activité et passivité. Recevoir signifie se donner à ce qui est reçu, le transformer en quelque chose de soi, y acquiescer, se laisser mettre en mouvement par lui. C'est une façon d'agir opposée à l'activité propre du sujet comme à la pure passivité, et qui constitue donc un troisième terme par rapport à elles. Recevoir la grâce est déjà en soi l'expression et la réalité de la grâce.

Salut et mode de réception du salut sont intimement liés. *Gratia*, c'est tout à la fois le salut et la manière par laquelle le salut arrive à l'homme.

Un des plus beaux témoignages bibliques de l'expérience de la grâce comme plénitude se trouve au psaume 31,8-9: «Je danserai de joie pour ta bonté, car tu as vu ma misère et connu ma détresse; tu ne m'as pas livré aux mains de l'ennemi; tu m'as remis sur pied, tu m'as donné du large». Ce psaume laisse entendre à quel point l'expérience de la grâce touche le ressenti corporel, la perception de l'espace et les sentiments. Si la peur met à l'étroit et enferme, la grâce est tout le contraire: elle élargit, ouvre et mène au large.

La grâce

Parler de *gratia* comme plénitude pourrait causer des malentendus, comme si la grâce n'était qu'un principe impersonnel ou une force universelle. La grâce est plénitude précisément en ceci qu'elle produit de l'individuel en tant que tel et que, par là-même, elle rend possible une richesse relationnelle comme différence donnée et située dans un rapport de réciprocité. Pour l'individu, cela signifie qu'il reçoit une force à lui destinée, qui est valable pour lui personnellement et de manière toute particulière. La foi renforce l'individualité dans un double mouvement paradoxal: elle approfondit et affine l'individualité, mais elle rend aussi l'individu capable de se dépasser lui-même pour aller vers l'amour infini de Dieu et vers les autres concrets. En cela, la grâce rend possible la relation et devient un événement social. Elle englobe les hommes dans une relationnalité telle que par elle ils peuvent être, les uns pour les autres, Autres et différents. Que l'individualité permette une relation vivante entre personnes différentes, sans aussi en même temps isoler et grever par de pénibles malentendus, est un rêve que les expériences de la grâce stimulent toujours à nouveau.

Être dans la grâce signifie voir la grâce aussi chez d'autres êtres humains. Un tel regard ne cerne chez les autres ni les faiblesses, ni les forces. Ce regard reconnaît que, tout comme moi, les autres vivent aussi de ce qui n'est pas disponible et que, tout comme moi, ils ne sont pas maîtres de disposer d'eux-mêmes. L'expérience de la grâce trouve son corrélat dans la reconnaissance de la dignité de tout être humain[5]. Cela touche aussi aux questions de la justice. Ce dont je vis vaut aussi pour tous les autres humains. Vivre de la plénitude de la grâce signifie ne pas vouloir garder la grâce pour soi tout seul, mais partager cette plénitude avec les autres. Sur le plan immatériel, ce que nous voulons préserver pour nous et ce pour quoi nous luttons est rare: reconnaissance, attention, affection et amour. Plus la lutte est intense, plus l'objet de la lutte est rare. Offrir généreusement sa reconnaissance et sa considération peut rendre tout le monde riche. Une culture de l'estime permet à chaque humain de donner ce qu'il a de

[5] Ce que signifie et pourrait signifier pour le monde de la vie concrète la reconnaissance de la dignité en-deçà de la question d'éthique sociale fait l'objet de la réflexion intense et engagée de Peter Bieri dans son livre *Eine Art zu leben. Über die Vielfalt menschlicher Würde*, 3e éd., Frankfurt a.M., 2015.

meilleur. Dans une telle culture du possible, les gens se réjouissent des forces des autres et prennent plaisir à leurs réussites. Les dons différents se complètent mutuellement et font naître des choses magnifiques. De telles expériences sociales sont rares, mais elles permettent de pressentir à quoi une vie en plénitude pourrait ressembler. Une expression biblique qualifie bien une telle individualité communicative: c'est «la liberté des enfants de Dieu», dont il est question en *Romains* 8.

Le rapport entre grâce et liberté a souvent été discuté dans le cadre de controverses théologiques portant sur la question de savoir quelle est la liberté de l'homme par rapport à la grâce. Mais cette manière de poser la question élude le point décisif: l'expérience (*Erfahrung*) de la grâce est une expérience particulière de liberté. La grâce rend libre et libère. La mise en œuvre et l'expérience vécue (*Erlebnis*) de ce qu'est la liberté se transforment par la grâce. C'est un événement intérieur qui change la vie, mais qui a aussi des implications sociales et politiques.

Les effets de la grâce dans la vie sociale n'impliquent pas la «primauté de la grâce sur le droit» mais conduisent au droit et à la justice, donc à plus de droit plutôt qu'à moins de droit. Un juste exercice du droit est cependant conscient en permanence des limites du droit et de tout ce qui ne se laisse pas régler ou organiser par lui.

La grâce et le péché

Sola gratia vaut cependant aussi et surtout pour la relation entre Dieu et l'être humain. Vivre de la plénitude préparée pour nous, et en vue d'elle. Mais la pointe de la foi chrétienne en un Dieu de grâce réside dans la façon qu'a Dieu de traiter le péché et la culpabilité de l'être humain. Dieu nomme et dévoile le péché, il pardonne le péché, il guérit et renouvelle les pécheurs. Du point de vue théologique, le péché consiste à ne pas vouloir vivre de la confiance en Dieu et de la confiance en sa grâce abondante. La confiance est en ce sens l'opposé du contrôle et de la volonté de contrôler. Chercher sa sécurité en soi-même, ne vouloir vivre que de ce dont on peut disposer et déterminer soi-même, ne vouloir se laisser offrir aucun don et ne pas devoir assumer sa vulnérabilité: tel est le noyau religieux du péché qui peut alors s'exprimer de diverses manières, une diversité qui doit donc être pensée de façon particulière sur le plan théologique et surtout éthique[6]. Que le péché soit destructeur et autodestructeur vient de ce que la vie n'est possible que comme réceptivité et comme vie offerte par Dieu, et parce que le pécheur se méconnaît lui-même et se nie lui-même (avec l'intention d'ainsi s'affirmer lui-même et de promouvoir sa propre humanité). Ebeling l'a précisé avec son concept de pauvreté: «Le concept de grâce a (...) pour corrélat la situation de pauvreté, en l'occurrence celle d'un appauvrissement coupable, consécutif à un manque de considération et à un gaspillage des dons du créateur»[7].

Bien des humains, bien trop d'humains font l'expérience d'une pénurie de moyens de subsistance, qui menace la vie et la détruit: manque de nourriture, d'eau, d'hygiène, de sécurité, d'éducation et de paix. Aussi est-ce une tâche théologique et éthique que de comprendre le manque qui menace la vie, non pas comme une condition normale, mais comme une situation à dépasser et à changer[8]. Beaucoup de situations de pénurie menaçantes seraient à transformer structurellement par le partage et la redistribution. Le programme de développement durable des Nations Unies à l'horizon 2030 se donne ce but: «Nous sommes résolus à libérer l'humanité de la tyrannie de la pauvreté et du besoin, à prendre soin de la planète et à la préserver»[9]. Les situations de pénurie menaçantes ne sont pas irrémédiables dans bien des cas et à bien des égards, même si les changer ne peut se faire dans l'immédiat ni sans impliquer de grands changements. En revanche, le fait que les ressources soient rares et limitées n'est pas surmontable. Sur ce point, doit encore se répandre l'idée promue par bien des religions et des philosophies de vie, selon laquelle rareté des ressources et plénitude de vie ne s'opposent pas, mais que la plénitude de vie dépend de la façon de traiter les humains et les choses. Une utilisation différente et plus respectueuse des ressources naturelles n'est pas

[6] Ebeling va jusqu'à dire que l'homme se défend «par nature» contre le fait de vivre de la grâce (G. EBELING, *Dogmatik des christlichen Glaubens* II, p. 125). S. Weil écrit de manière très évocatrice: «L'imagination travaille continuellement à boucher toutes les fissures par où passerait la grâce» (S. WEIL, *La pesanteur et la grâce*, Paris, 1947, p. 25).

[7] EBELING, *Dogmatik des christlichen Glaubens II*, p. 112.

[8] Sur la critique du paradigme du changement: Ralf MIGGELBRINK, *Lebensfülle. Für die Wiederentdeckung einer theologischen Kategorie*, Freiburg i. Br. 2009, p. 22-67.

[9] «Transformer notre monde: le Programme de développement durable à l'horizon 2030», résolution adoptée par l'Assemblée générale des Nations Unies le 25 septembre 2015, préambule, consulté le 7/11/2016 à partir de http://www.agora-parl.org/fr/node/19394

seulement nécessaire pour la survie solidaire de l'humanité sur la planète terre, mais elle ouvre aussi la possibilité de nouvelles expériences de plénitude et d'intensité de vie. Une spiritualité chrétienne de la plénitude offre ainsi une contribution roborative à un développement plus juste et plus durable. Beaucoup d'initiatives, à partir de contextes complètement différents, vont dans cette direction: le discours sur l'être plutôt que l'avoir est devenu classique[10].

La manifestation la plus dramatique du péché est la violence sous toutes ses formes. Parmi celles-ci, la plus effrayante est peut-être la violence que Jan Philipp Reemtsma qualifie d'«autotélique»[11]: la violence pour la violence. La question de savoir comment gérer la violence est peut-être la plus pressante et la plus actuelle pour l'humanité. Comment la violence peut-elle être limitée ou surmontée? Et en ce sens, la violence est-elle nécessaire dans certaines configurations déterminées? Comment peut renaître un espoir dans des situations de violence et de conflit? Pour les chrétiens, les réponses éthiques à ces questions dépendent de leur façon de comprendre et d'expérimenter la grâce. Au centre de la grâce chrétienne, se trouve la foi au Christ: la violence ne peut être dépassée que par l'amour et l'acceptation de la souffrance. Ici, la souffrance n'a jamais de sens en elle-même, mais toujours seulement dans la mesure où elle représente une force qui brise le cycle de la violence, en vue d'ouvrir un espace pour l'amour et la vie. Comme la grâce conduit à la joie, elle passe toujours aussi, dans un monde de violence, à travers la souffrance.

Pour l'expérience de la grâce dans les conditions concrètes de la vie, le moment du revirement, de la surprise, du neuf est central. Là où la grâce agit, de l'inattendu survient. En ce sens, la grâce est créative et libère l'action créatrice[12]. La grâce survient quand, malgré de

[10] Ainsi E. FROMM, *Haben oder Sein. Die seelischen Grundlagen einer neuen Gesellschaft*, 43e éd. Munich, 2016; trad. française *Avoir ou être. Un choix dont dépend l'avenir de l'homme*, Paris, 2004.

[11] J. P. Reemtsma définit la violence autotélique (*autotelische Gewalt*) comme ceci: «Le but de la violence autotélique – d'où ce terme spécifique – c'est elle-même, c'est-à-dire la destruction d'un autre corps», J. P. REEMTSMA, *Vertrauen und Gewalt. Versuch über eine besondere Konstellation der Moderne*, Hamburg, 2008, p. 117 (Trad. française: *Confiance et violence. Essai sur une configuration particulière de la modernité*, Paris, 2011, p. 108).

[12] Pour un très beau livre sur les transformations de la vie sans focalisation particulière sur des motifs religieux, voir N. D. KRISTOF - Sheryl WUDUNN, *Ein Pfad entsteht. Chancen eröffnen, Leben verändern. Inspirierende Geschichten aus der ganzen Welt*, Munich, 2015.

grandes déceptions, des êtres humains s'engagent à nouveau dans l'amour; quand, malgré de graves expériences d'injustice, des humains ne misent pas sur la vengeance ou ne se laissent pas paralyser par la peur. La réconciliation entre humains est peut-être la concrétisation de la grâce la plus merveilleuse et la plus étonnante. La grâce, c'est «la force malgré tout»[133].

L'expression *sola gratia* est dès lors pratiquement et concrètement toujours une question: te laisses-tu déterminer par des expériences de grâce ou par des expériences de violence? Veux-tu mettre ton espoir dans une créativité qui ouvre un avenir ou te laisses-tu faire par les rapports de pouvoir et de violence toujours identiques? L'histoire de l'humanité reste ambivalente, elle ne nous donne pas une réponse à la question «quel chemin est à suivre?».

Mais tous ceux qui s'engagent dans la conception de la vie qu'est la *sola gratia* font une chose importante lorsqu'ils encouragent les autres à adopter cette conception de la vie, lorsqu'ils en parlent, dans un langage religieux ou non, conceptuel ou narratif, amical ou officiel. Parler et écrire sur la grâce ne remplace pas l'expérience de la grâce, de même qu'aucune expérience ne peut véritablement transformer la vie sans qu'on en parle et qu'on la partage[14].

Miriam ROSE

[13] V. Frankl a pratiqué ceci de manière conséquente comme attitude de vie salutaire et en a fait un principe thérapeutique: V. E. FRANKL, *...trotzdem ja zum Leben sagen. Ein Psychologe erlebt das Konzentrationslager*, 28e éd., Munich, 2007 (Trad. française: *Découvrir un sens à sa vie avec la logothérapie*, Montréal, 2013).

[14] Merci à Heinz Bouillon (UCL) qui a préparé une première version de la traduction de ce texte.

«Réponse»

Introduction

Avec raison, la contribution de M. Rose rappelle que le contexte de l'axiome «sola gratia» est celui du salut, et que la Réforme a précisé ce dernier en le délimitant explicitement par la mise à l'écart des œuvres humaines («non par les œuvres de l'homme»), et en focalisant ainsi la question sur l'alternative soit le salut par Dieu soit le salut par l'agir de l'être humain. Pour une compréhension actuelle, il importe de se rappeler, selon M. Rose, que «sola gratia» est la formule synthétique pour signifier que le salut est tel qu'il ne peut se réaliser ou advenir que comme un don et dans une réception. À partir de là, M. Rose développe sa pensée en soulignant la grâce comme plénitude débordante de Dieu (point 1), la grâce dans son lien à l'individualité communicative (point 2) en précisant combien la grâce est une expérience spéciale de liberté, la grâce et le péché (point 3) ou la grâce comme «la force malgré tout»; elle conclut qu'écrire sur la grâce ne remplace pas l'expérience de cette dernière.

Même s'il est possible de souscrire aux grandes lignes de la position présentée par M. Rose, il semble que l'accent mis sur l'objectivité du salut donné risque de masquer l'implication subjective et le lien avec les œuvres dont l'histoire de la théologie montre la prégnance, depuis Paul en passant par Augustin (et Pélage), Bernard de Clairvaux, Thomas d'Aquin, Pascal, et bien d'autres. L'axiome invite donc à penser, à nouveaux frais et dans le contexte contemporain, la problématique de l'action gracieuse de Dieu en lien avec la liberté de l'homme. Pour ce faire, et dans le cadre ici délimité, nous rappellerons d'abord la position de Luther en soulignant les liens entre justification et foi par le biais de l'éthique, puis les textes pauliniens en nous demandant si Luther, dans son interprétation, rend raison à Paul, avant de «transiter» par Bernard de Clairvaux et de proposer enfin une actualisation du propos qui mette en relation grâce et liberté.

Contexte historique et fondements de l'éthique selon M. Luther

La formation que reçut Luther au couvent a été profondément marquée par la théologie nominaliste[15], non exempte d'un certain «semi-pélagianisme»: la coopération entre l'action divine et l'agir humain y était comprise de telle manière que ce dernier faisait tout et que Dieu n'était là que pour le soutenir et l'aider. Ensuite, le contexte de l'époque, et notamment le trafic des indulgences, impliquait une méconnaissance de la réalité de la grâce et de l'authentique caractère de la foi. Dans cette perspective, c'était sans aucun doute une tâche saine et nécessaire que de rappeler l'enseignement paulinien sur le don gratuit de Dieu et la justification par la foi. Malheureusement, excessif dans son rappel et sa réaction, Luther a interprété l'enseignement paulinien de façon unilatérale et exclusive. Et si le Concile de Trente dut rétablir les aspects méconnus par le réformateur, lui aussi, emporté dans sa lutte contre une des crises les plus graves que l'Église ait connues, fit œuvre polémique et non nécessairement constructive en relevant principalement chez Paul et dans la tradition chrétienne ce que les protestants rejetaient. «On ne saurait donc s'en tenir à lui, si l'on veut avoir une idée complète de la doctrine catholique. Et l'on ne doit pas oublier aussi que celle-ci ne cesse de s'alimenter à la méditation, toujours reprise, des écrits de saint Paul»[16].

L'affirmation de Luther est claire: c'est «la foi seule, sans aucun concours des œuvres, qui confère la justice, la liberté, la félicité», en d'autres termes le salut[17]. «Telle est la liberté chrétienne, c'est la foi seule qui la crée, ce qui ne veut pas dire que nous puissions rester oisifs ou faire le mal, mais que nous n'avons besoin d'aucune œuvre pour nous justifier et atteindre la félicité»[18]. Le centre névralgique du

[15] Voir H. Schilling, *Martin Luther. Rebelle dans un temps de rupture* (tr. J.-L. Schlegel), Paris, Salvator, 2014; V. Leppin, *Martin Luther. Vom Mönch zum Feind des Papstes*, Darmstadt, 2015; M. Lienhard, *Luther. Ses sources, sa pensée, sa place dans l'histoire*, Genève, 2016.

[16] H. Bouillard, *Karl Barth*, t. 2, *Parole de Dieu et existence humaine. Première partie*, Paris, 1957, p. 98-99.

[17] M. Luther, *La liberté du chrétien*, dans M. Luther, *Les grands écrits réformateurs. À la noblesse chrétienne de la nation allemande. La liberté du chrétien* (tr. M. Gravier), Paris, 1992, p. 210.

[18] M. Luther, *La liberté du chrétien*, p. 212; «les œuvres, par contre, sont choses mortes», p. 214.

message de Luther est donc constitué par la justification du pécheur par la grâce du Christ et par le moyen de la foi. La justice du Christ nous est attribuée par grâce et c'est ainsi que nous ne sommes plus comptés comme pécheurs. La justification «forensique» exposée par Luther a pour but de sauvegarder la gratuité totale du salut. Dès lors, les bonnes œuvres sont considérées comme une conséquence du salut et non comme sa cause[19]. Mais parce que «l'être humain est radicalement blessé par le péché originel, la grâce est cet événement qui advient sans jamais modeler durablement son être; c'est pourquoi le croyant est toujours en même temps juste et pécheur. Juste de la justice du Christ qui lui est imputée, pécheur car cette justice du Christ donnée par grâce lui est étrangère et vient du dehors»[20]. Chez Luther, «toute considération des œuvres de l'homme ne peut avoir comme résultat que de le ramener à la Loi accusatrice»[21].

La posture luthérienne a comme conséquence que la justification devient le fondement de l'éthique. «La vie éthique jaillit de la justification, au point que la catégorie du devoir, de l'obligation, cesse d'être fondamentale et que toute la vie morale est vécue sous le signe de la spontanéité»[22]. D'où la distance prise par Luther par rapport à une certaine théologie catholique et ses réticences aussi à parler du troisième usage de la loi[23], craignant de ce fait de détruire la spontanéité

[19] M. LUTHER, *La liberté du chrétien*, p. 224-225: «Aussi selon que l'homme vit dans la foi ou dans l'incrédulité, ses œuvres seront bonnes ou mauvaises, et non pas inversement, selon ce que seront ses œuvres, dans la même mesure il sera juste ou croyant; les œuvres, de même qu'elles ne donnent pas la foi, de même elles ne justifient pas; mais la foi, de même qu'elle justifie, de même elle fait de bonnes œuvres. Comme les œuvres ne justifient personne et que l'homme doit être juste avant d'accomplir les œuvres, il est évident que c'est la foi seule qui, par une faveur, grâce au Christ et à sa parole, suffit à justifier la personne, à assurer son salut et qu'aucune œuvre, aucun commandement n'est nécessaire au chrétien pour son salut, mais qu'il est libéré de tous les commandements et qu'il fait tout gratuitement, par un acte de pure liberté, sans rechercher nullement par là son intérêt ou sa félicité».

[20] I. CHAREIRE, art. «Grâce», dans L. LEMOINE, E. GAZIAUX, D. MÜLLER (dir.) *Dictionnaire encyclopédique d'éthique chrétienne*, Paris, 2013, p. 1019.

[21] J.-M. LEUBA, *La Loi chez les Réformateurs et dans le protestantisme actuel*, dans S. PINCKAERS et L. RUMPF (dir.*), Loi et Évangile, Héritages confessionnels et interpellations contemporaines. Actes du 3e cycle d'éthique des Universités de Suisse romande, 1979-1980*, Genève, 1982, p. 102.

[22] R. MEHL, *Éthique catholique et éthique protestante*, Neuchâtel, 1970, p. 16. Voir aussi D. MÜLLER, *La morale*, Genève, 1999, p. 21-27.

[23] Pour Luther, la loi a deux «usages»: un usage *civil* (ou politique) qui concerne l'ensemble de la vie sociale (par la médiation des institutions et des lois, la Loi de Dieu permet un bon déroulement de la vie sociale); un usage *théologique* qui rappelle

éthique et de replacer l'homme sous la contrainte de la loi. C'est dire que le salut ne peut être autre chose qu'un acte libre de la grâce divine et que l'être humain ne peut l'atteindre par ses propres œuvres.

Dès lors, l'agir de l'homme ne doit pas viser le salut; la seule signification qu'il peut avoir réside dans la reconnaissance qu'il exprime pour le salut gracieusement octroyé par Dieu. L'acte moral se voit ainsi orienté entièrement vers le prochain. «Le bien et le mal n'ont pas d'existence en soi: un acte devient bon dans la mesure où il est accueilli par la grâce de Dieu. Accueillir l'homme dans sa miséricorde signifie pour Dieu accueillir du même coup ses actes et donc les justifier – ce qui implique l'unité d'essence de l'homme et de ses actes»[24]. Pour Luther, poussant au bout son raisonnement, un acte conforme au commandement de Dieu ne serait pas encore bon, il doit être certes conforme au commandement de Dieu, mais aussi offert à la justification de Dieu. Une action éthiquement bonne n'a de valeur aux yeux de Dieu que parce qu'accomplie dans la foi en la justification. Inversement, «malgré son impureté, un acte peut être bon quand il est accompli dans la foi que Dieu nous a déjà, par avance, sauvés»[25].

Ainsi, par rapport à une «coopération» de l'homme à son salut au moyen de ses œuvres, la caractéristique de l'éthique luthérienne consiste en l'abandon des prétentions de définition d'un bien en soi, qui serait, en raison de sa parenté avec le commandement de Dieu, un moyen de s'approcher de ce dernier. Il faut donc perdre la morale pour la retrouver, mais une fois celle-ci retrouvée, sa finalité n'est plus de «plaire» ou «satisfaire» à Dieu, mais de servir le prochain et d'édifier la communauté humaine. Le *Leitmotiv* est bien posé et résonne comme ceci: le salut ne peut être autre chose qu'un libre acte de la grâce divine.

Pour Luther, l'homme ne doit pas avoir la prétention de se justifier lui-même. C'est bien la foi et la grâce qui justifient le croyant. La foi est pure passivité et consiste à recevoir le Christ. C'est une œuvre que

et convainc de notre condition de pécheur et de la nécessité de la justification pour vivre devant Dieu. Calvin ajoutera à ces deux usages un troisième: l'usage *didactique* de la loi qui fait que, par l'enseignement quotidien de celle-ci, le fidèle peut croître dans la connaissance de la volonté de Dieu et dans sa mise en pratique, la loi agissant comme un aiguillon pour tenir les croyants en éveil. Voir D. MÜLLER, *La morale*, p. 25 et p. 32-33, ainsi que du même auteur *J. Calvin. Puissance de la Loi et limite du Pouvoir*, Paris, 2001.

[24] R. MEHL, *Éthique catholique et éthique protestante*, p. 17.

[25] R. MEHL, *Éthique catholique et éthique protestante*, p. 27.

Dieu opère en l'être humain sans lui, tout en affirmant néanmoins que la foi est la «condition nécessaire de la justification»[26]. C'est par la foi que l'homme est justifié; la foi de l'homme est condition de sa justification.

Vis-à-vis de cette position, le concile de Trente, dans son décret sur la justification (Dz 1520-1583), affirme également la justification «par la foi et gratuitement» (chap. 8). Néanmoins, il met en avant la foi qui opère par la charité (Ga 5,6; Jc 2,17-20; chap. 7) et accentue l'articulation entre justification gracieuse et mérite fondé sur la pratique des bonnes œuvres (chap. 16). Quant aux canons 11 et 17, ils condamnent et la justice imputative luthérienne (canon 11) et la conception calvinienne de la prédestination (canon 17). Même si le Concile reconnaît ce qu'il en est de la justification par la foi, il n'en reste pas moins qu'il affirme par la suite, dans le décret sur la justification, la coopération de l'homme à sa justification ou à son salut. Quatre siècles plus tard, un théologien comme K. Barth a refusé cette idée sous toutes ses formes. Il reste que la question se pose de savoir si ce refus est conforme à la pensée paulinienne.

Avant d'en venir à la position de saint Paul, il ressort clairement que, même avec des accentuations différentes chez Luther ou chez Barth au XXe siècle, le croyant ne doit avoir nulle prétention à se justifier lui-même par ses œuvres. Par rapport à une théorie «classique» qui pourrait être représentée par Thomas d'Aquin, la différence apparaît clairement. Pour le Docteur angélique, la grâce accomplit la nature sans la détruire; et l'Aquinate de s'attacher à exposer les points de contact et d'ancrage du surnaturel dans la nature, à montrer que la grâce de l'ordre surnaturel vient répondre aux désirs de l'ordre naturel.

Une telle conception place dès lors un lien étroit entre la moralité et le salut puisque la vision aimante de Dieu non seulement constitue le salut mais la finalité de la moralité[27]. Sans que Thomas enseigne un salut par les œuvres, sa perspective en entrouvre néanmoins la porte. En effet, l'espérance du salut «couronne» la vie morale et en constitue le ressort profond, incitant ainsi le croyant aux bonnes œuvres pour la béatitude et le salut. Certes, la grâce n'est pas du tout absente de ce système, mais au lieu de concevoir en face d'elle la liberté humaine comme réponse à son offre (Luther), la pensée

[26] H. BOUILLARD, *Karl Barth*, t. 2, p. 74.

[27] Voir le plan et les premiers articles de la *Secunda Pars* de la *Somme de théologie*.

thomiste pose la «préexistence» de cette liberté qui reçoit «naturellement» le secours de la grâce. La morale thomiste, présentée ici comme l'archétype d'une conception catholique de la morale, n'a pas son point de départ, à la différence de celle présentée par Luther, dans la vie nouvelle à laquelle l'homme accède par la justification; elle se fonde au contraire dans une anthropologie considérant que l'homme est, par nature, ordonné à la grâce et à la plénitude de l'être[28].

Retour vers Paul

Luther entend revenir aux sources pauliniennes et à la conviction fondamentale que l'homme ne peut pas se justifier lui-même. Son accentuation fait de la foi une pure passivité consistant à recevoir le Christ et concevant que c'est une œuvre que Dieu opère en nous sans nous, tout en reconnaissant et en affirmant que la foi est la condition *sine qua non* de la justification. La foi est bien en ce sens condition nécessaire du salut. Quelques siècles plus tard, Barth aura sans doute tendance à raidir cette affirmation. Mais cette position est aussi révélatrice de la différence entre le texte de M. Rose et une position «catholique». Si des passages comme Rm 1,16-17; 3,21-22; 10,9-10 ou 11,20 montrent que la foi, en tant qu'acte de l'être humain, est envisagée comme condition nécessaire de la justification et du salut, il importe de souligner que l'accomplissement et la proclamation du salut ne sont jamais séparés de son appropriation, un lien vital et organique existant entre l'objet et le sujet.

Certes, Paul affirme bien que seul Dieu sauve l'homme. Mais, «parce que cette initiative est *créatrice*, elle inclut la libre réponse de l'homme et *se réalise en elle*. De telle sorte que, du point de vue de l'homme, l'indicatif de la grâce est immédiatement l'impératif de la foi, et que l'événement du salut se réalise pour lui dans l'obéissance à cet impératif. Par sa foi, l'homme ne connaît pas seulement qu'il est justifié: il *devient* juste, en répondant à la grâce divine»[29]. Il importe donc de souligner que, selon l'Apôtre, celui qui croit au Christ n'a aucune prétention à se justifier par lui-même, car il sait qu'il l'est par

[28] Débat toujours actuel, voir par exemple les critiques de S. Hauerwas sur cette conception, dans *Le Royaume de paix. Une initiation à l'éthique chrétienne* (trad. P.-D. Nau), Paris, 2006, p. 111 et suivantes.

[29] H. Bouillard, *Karl Barth*, t. 2, p. 76.

Dieu; il n'estime pas mériter par lui-même la grâce tout en sachant que c'est bien sa foi qui est la condition de son salut.

Mais par opposition à ce que dit Paul selon lequel «l'homme est justifié par la foi sans les œuvres de la Loi», Luther a ajouté au mot «foi» l'adjectif «seule», modifiant de ce fait la proposition de Paul. Or, pour ce dernier, cette affirmation recouvre deux significations. D'une part, Paul veut signifier que, avant le Christ, tous ceux qui ont été justifiés par la foi au Christ l'ont été sans les œuvres de la Loi; d'autre part, cela signifie aussi que païens et juifs convertis n'ont plus besoin des prescriptions de la Loi puisqu'ils sont justifiés par la foi sans les œuvres de la Loi. «Mais aucune des deux significations n'implique que l'homme serait justifié sans les œuvres de la foi»[30]. C'est bien là le sens des exhortations de Rm 13,9-10, et seul ce qui se concentre, se résume, se condense en l'amour du prochain constitue la volonté de Dieu. Ep 2,1-10 «indique clairement que les croyants, sauvés par la grâce de Dieu, le sont sans les œuvres, en ce sens qu'auparavant ils étaient pécheurs. Leur salut est une nouvelle création. Mais aussi cette nouvelle création implique la possibilité et l'exigence des bonnes œuvres pour le présent et l'avenir»[31].

Pour Paul, il n'y a pas, pour le salut, concurrence entre l'œuvre de l'homme et l'œuvre de Dieu; il souligne au contraire que l'action gracieuse de Dieu envers l'homme n'empêche nullement celui-ci d'être le sujet de son agir et des «bonnes œuvres», qui sont non seulement attestation de l'œuvre de Dieu, mais aussi «condition» du salut en ce sens que l'action de Dieu à l'égard de l'être humain inclut sa libre réponse et ne se réalise donc pas sans elle[32]. La pratique de la charité est ainsi «condition» du salut (voir Ga 5,13-15) et celle-ci se réalise non dans l'hétéronomie mais dans l'autonomie d'une liberté renouvelée et animée par l'Esprit: une démarche spirituelle se substitue à l'attitude légaliste (voir Ga 5,18; Ga 5,14). La liberté libérée par la grâce se montre dans la charité qui conduit à aimer l'autre comme Dieu l'aime. Justifié par la foi seule, donc; oui, mais la foi agissant par la charité; indépendante des œuvres de la Loi, la justification par la foi ne l'est pas des œuvres de la foi. La foi active est condition de la justification et elle est ce par quoi l'être humain s'approprie l'histoire du salut et la fait sienne.

[30] H. BOUILLARD, *Karl Barth*, t. 2, p. 82-83.
[31] H. BOUILLARD, *Karl Barth*, t. 2, p. 85.
[32] Cf. *infra* saint Bernard.

Si la vie chrétienne est bien réception de la grâce et initiative divine libre et gratuite sur laquelle l'être humain n'a pas prise, cette réception opère néanmoins une transformation pour celle ou celui qui la reçoit. «En l'orientant vers Dieu, elle modifie concrètement sa vie»[33]. Par rapport à Luther qui conçoit la vie chrétienne en une alternative sans cesse réitérée et rejouée «simul peccator et justus», la conception catholique met en avant la réappropriation de cette grâce par l'être humain et donc l'aspect dynamique du sujet appelé à répondre à ce don.

Sauvé de quoi par grâce?

Lorsque la théologie catholique défend la thèse du libre arbitre contre celle du serf arbitre, il ne s'agit point d'affirmer que le pécheur pourrait se justifier lui-même, fût-ce inchoativement, «mais simplement de reconnaître que l'homme est sujet de ses actes, dans la grâce comme dans le péché. Certes le péché est un asservissement de la liberté. Mais, si l'on veut comprendre le paradoxe d'une liberté asservie, il faut considérer que c'est elle-même qui s'asservit, qu'il y a, en d'autres termes, une liberté originaire indestructible»[34].

Bernard de Clairvaux, dans son traité sur *La grâce et le libre arbitre*, l'avait déjà souligné[35]. Partant d'une question posée par un moine qui lui demande «quelle récompense espères-tu si Dieu fait tout?», et donc qui mettait en concurrence la liberté et la grâce, la réponse immédiate de Bernard, qu'il déploiera par la suite, consiste à lui dire d'abord de rendre gloire à Dieu pour l'avoir prévenu et initié, et ensuite de montrer «que les bienfaits reçus» ne le «laissent pas ingrat» et qu'il est «digne d'en recevoir d'autres».

Pour Bernard, le *consentement volontaire* (nous soulignons) est la coopération de l'homme à l'œuvre de la grâce, consentement qui est déjà lui-même œuvre de la grâce et qui ne peut être effectif que parce

[33] I. Chareire, art. «Grâce», p. 1020.

[34] H. Bouillard, *Karl Barth*, t. 2, p. 110.

[35] Les numéros entre parenthèses renvoient aux paragraphes de Bernard de Clairvaux, *L'amour de Dieu. La grâce et le libre arbitre*, Paris, 2010. Il est à noter que Luther appréciait particulièrement les *Sermons* de Bernard de Clairvaux, mais s'en détachait sur certains points concernant la «mystique» de Bernard. Voir M. Lienhard, *Luther*, p. 131 et suivantes.

que le libre arbitre subsiste. «Là où il n'y a pas de volonté (…) il n'y a plus de liberté» (§ 24) et là où il n'y a pas de liberté, il n'y a plus rien à sauver: «personne ne sera sauvé malgré lui» (§ 36). La liberté naturelle présente en l'être humain ne peut être détruite ni diminuée par le péché ou la déchéance; cette liberté «de nature» constitue la noblesse inaliénable de l'être humain qui peut se poser hors du champ de la nécessité. Mais ce libre arbitre ne constitue pas à lui seul toute la liberté, il est distinct de deux autres formes de liberté que sont la liberté par rapport au péché et la liberté par rapport à «toute misère». Si la première liberté nous est donnée par nature, la deuxième l'est par la grâce, et la troisième est réservée à la patrie céleste. Par le péché, l'être humain a perdu les deux dernières, mais celles-ci lui sont restituées par la grâce au moyen de la mort et la résurrection du Christ.

L'être humain continue en cette vie à faire l'expérience d'un écart entre le vouloir et le pouvoir; si le vouloir est bien donné par la grâce de la création, son épanouissement dans la poursuite du bien suppose la grâce de la rédemption. Ainsi, le rôle de la grâce consiste à libérer l'homme pour Dieu, à élargir sa liberté en l'orientant vers Dieu. Pour Bernard, telle est la vraie liberté «car, assurément, il nous serait plus profitable de n'avoir jamais existé que de rester enfermés en nous-mêmes» (§ 18).

Dans le jeu ternaire que Bernard déploie pour rendre compte des relations entre liberté et grâce, l'œuvre de la grâce est triple: elle est à la fois création, renouvellement et épanouissement, avec une référence christologique explicite. «En effet, dans le Christ, nous avons commencé par être créés à la liberté de la volonté; puis, par le Christ, nous avons été renouvelés dans l'esprit de liberté afin d'être pleinement épanouis, avec le Christ, dans l'état de l'éternité» (§ 49). La grâce n'est pas une sorte de fluide mystérieux que l'être humain pourrait capter grâce à certaines techniques; elle nous vient du Christ, mais la rédemption de l'être humain ne peut se réaliser que si lui-même se met librement à la suite de celui qui est, selon Bernard, la Sagesse (voir § 43 et suivants).

Mais la question rebondit: qui fait quoi dans cette œuvre de salut? Comment grâce et liberté coexistent? Pour Bernard, tout est grâce, mais l'être humain a aussi sa part de «travail». «La grâce ne fait point une partie de l'œuvre et le libre arbitre l'autre, mais ils agissent ensemble par une opération indivise. L'une fait tout (la grâce) et l'autre fait tout (le libre arbitre), mais de telle façon que tout se réalise en celui-ci, et cependant en vertu de celle-là» (§ 47)[36]. Et les «mérites» de l'être humain ne doivent jamais être considérés comme sa propriété; à strictement parler, ce ne sont pas des mérites et s'il faut leur donner un nom qui leur sied, «il faudrait parler de germes d'espérance, de stimulants de la charité, d'indices d'une secrète prédestination ou de présages d'un bonheur futur. Les mérites donnent accès au Royaume, non le droit de régner» (§ 51).

La réflexion de Bernard sur la grâce met en évidence la liberté inaliénable de l'homme, malgré ses blessures. C'est bien en tant qu'être libre que l'être humain est image de Dieu et capable d'entrer en relation avec Lui. De ce fait, il est aussi responsable de cette relation, mais la liberté de l'être humain se dévoile comme une liberté à libérer et à libérer d'elle-même. C'est là l'œuvre de la grâce qui souligne comment la véritable liberté est un jeu de spontanéité et d'obéissance. De manière, pourrait-on dire, paradoxale, la liberté, affranchie de la nécessité, gagne en spontanéité dans la mesure même où son consentement devient plus grand. Orientée vers Dieu, cette liberté se caractérise par une ouverture toujours grandissante et se révèle non statique mais dynamique et en cheminement. En nous affranchissant de la nécessité, la liberté de nature permet le consentement qui, à son tour, se déploie en justice (au sens biblique) face au péché, par la liberté de la grâce, et s'épanouit en bonheur face à toute misère, par la liberté de gloire.

Pour une théologie de la grâce

En nous inspirant de la contribution de M. Rose[37], une relecture actuelle de la grâce pourrait faire droit à des dimensions importantes de cette dernière: l'altérité, le pâtir, et le sujet dans son émergence à une histoire.

[36] Voir B. Pascal, *Écrits sur la grâce*, Paris, 1987, p. 950: «Ainsi saint Paul dit: J'ai travaillé non pas moi, mais la grâce de Jésus-Christ qui est avec moi (I Cor. XV, 10). Comment est-ce qu'il a travaillé, et qu'il n'a pas travaillé, mais que c'est la grâce qui était avec lui qui a travaillé, sinon parce que son travail peut être dit sien, puisque sa volonté y a concouru; et peut n'être pas dit sien, puisque sa volonté n'a pas été la source de ses propres désirs? mais la grâce de Dieu a été celle dont on peut dire qu'elle a travaillé, car elle a préparé sa volonté, car elle a opéré en lui le vouloir et l'action, et l'on ne peut pas dire d'elle qu'elle n'a pas travaillé, puisqu'elle a été l'origine et la source de son travail».

[37] Ainsi qu'I. Chareire, art. «Grâce», dans sa relecture de P. Ricœur.

Premièrement, la grâce renvoie à la dimension d'altérité constitutive du sujet et de sa construction. Elle met en avant la dimension relationnelle non seulement nécessaire mais inhérente au sujet lui-même. Pensée en termes de l'altérité, la grâce montre qu'il ne faut point se libérer de l'autre, mais bien de l'aliénation (comme le montre particulièrement saint Bernard) qui entrave la liberté et l'être humain. La dimension de réceptivité que la grâce porte à penser et à vivre brise le mythe d'une autonomie autarcique ou solipsiste; elle permet aussi de comprendre que la liberté et l'agir ne sont pas atteints par la déficience parce qu'ouverts à l'autre que soi. La grâce permet de penser l'émergence d'un sujet dans une relation à l'autre, sans se polariser que ce soit sur le soi ou l'autre que soi. Elle pose, dans sa dimension relationnelle à l'autre à qui elle renvoie, une triple modalité toujours en mouvement: intérieure, car elle s'adresse au plus intime de l'être humain, sa liberté, sa conscience, son être; extérieure, car non seulement elle ne vient pas de lui mais requiert des déterminations objectives qui passent par des médiations pour se réaliser (le corps, la communauté, l'action, etc.); paradoxale, car, tout en suscitant la personnalisation et l'individualisation, elle unifie et rassemble ce qui pourrait conduire à la fragmentation, à l'éclatement, à la dispersion.

Deuxièmement, la réalité de la grâce renvoie à la passivité comprise comme attente et accueil. Mais ceux-ci ne peuvent se comprendre et se vivre que sous l'égide de l'intensité d'une présence à même de susciter le mouvement d'ouverture et de reconnaissance. «La passivité dit la pudeur de l'attention bienveillante, à la fois constante et discrète, de Dieu: la rencontre est un don, comme tel le saisissement et dessaisissement de grâce ne se réalise qu'au cœur de la libre disponibilité de l'être humain»[38]. En rappelant le lien à l'agir et à l'altérité, la reconnaissance de cette dimension évite les excès d'un «tout à la grâce» ou d'un quiétisme qui ont émaillé maintes fois l'histoire du christianisme.

Troisièmement, la grâce fait droit à l'éveil et à l'émergence du sujet à lui-même. La grâce rappelle la douleur fondamentale qui traverse l'être humain; à sa lumière se révèle la profondeur du péché, profondeur tellement abyssale que l'être humain par ses propres efforts ne peut la surmonter. Parce que le mal touche l'être même de l'homme, ce dernier ne peut trouver son salut en lui-même, ou dans une solution

[38] I. Chareire, art. «Grâce», p. 1025.

«seulement morale» qui ferait appel à sa seule volonté, mais bien dans un autre que lui. Ni immédiate ni magique, la puissance de la grâce requiert le travail du négatif et des médiations historiques et personnelles; elle permet de ce fait au sujet d'émerger dans les plis de l'histoire en s'arrachant à une *hybris* toujours menaçante[39].

Selon cette triple modalité se mouvant sur les temps de l'altérité, du pâtir, du devenir, la grâce se montre comme la réalité de la relation à un (A)autre qui permet d'advenir à soi-même dans les méandres de l'histoire. Insaisissable, elle l'est, tout en étant perceptible; centrale, elle l'est, dans son décentrement même; réelle, elle l'est, tout en échappant à nos prises. Tel est sans doute son mystère qui nous forme et in-forme dans un jeu d'accueil et d'engagement.

Éric GAZIAUX

[39] Travail du négatif souligné par un Hegel dans la *Phénoménologie de l'Esprit*, mais aussi chez un Jean de la Croix avec le thème de la nuit et du renoncement.

Sola scriptura et solo verbo: par l'Écriture seule, par la parole seule

I. Le sola scriptura: introduction

Parmi les particules exclusives, les *sola* de la Réforme, le *sola scriptura* tient une place particulière, et ce pour trois raisons.

Tout d'abord (1) il s'agit du «solum» le plus problématique. *Sola scriptura* est la particule exclusive qui explique le mieux pourquoi protestants et catholiques ne sont pas unis dans les dialogues œcuméniques: elle est celle qui présente l'écart le plus important avec les dogmes de l'Église catholique. D'après le décret *Dei Filius* du premier concile du Vatican, croire à l'Écriture, la Tradition et les dogmes du magistère est nécessaire au salut: «Or, on doit croire d'une foi divine et catholique tout ce qui est contenu dans les saintes Écritures et dans la tradition, et tout ce qui est proposé par l'Église comme vérité divinement révélée, soit par un jugement solennel, soit par son magistère ordinaire et universel. Mais, parce qu'il est impossible sans la foi de plaire à Dieu et d'être compté au nombre de ses enfants, personne ne se trouve justifié sans elle et ne parvient à la vie éternelle s'il n'a persévéré jusqu'à la fin» (chap. 3). Les protestants récusent ces propositions de deux points de vue. D'une part, seul le contenu de la Sainte Écriture doit être contraignant pour la foi, et de l'autre, on peut soupçonner qu'une compréhension de la révélation comme «instruction théorique» (Eilert Herms et d'autres) est à la base de tels propos, et que cette conception fait de la foi en une multitude de propositions une œuvre opérée par l'être humain. La foi comme confiance dans le Christ est remplacée par une foi à la doctrine d'un livre ou d'une organisation ecclésiale.

Des dogmes tels que les dogmes mariaux du XIXe et du XXe siècle contredisent avec éclat, selon les protestants, le *sola scriptura*, et ne peuvent être rendus quelque peu acceptables pour eux qu'au prix d'interprétations très intenses.

Par ailleurs (2) le *sola scriptura* est paradoxalement la particule exclusive qui a produit la plus grande affinité entre théologiens protestants et catholiques, avec le retour à la Bible et l'exégèse historico-critique. De la coopération entre exégètes catholiques et protestants est née la grande proximité entre les deux confessions que nous pouvons observer aujourd'hui. L'extrême importance du *sola scriptura* pour la formation et la culture est indiscutable, ne serait-ce que pour la scolarité obligatoire, qui est apparue plus tôt dans les pays protestants que dans les pays catholiques. Il est tout aussi indiscutable que tout laïc catholique doit aujourd'hui lire et comprendre par lui-même la Sainte Écriture.

Enfin (3) le *scriptura sola* est la particule exclusive qui sort des cadres, parce qu'à la différence des autres *sola*, elle ne se réfère pas directement à l'événement de la justification, mais elle naît d'un métadiscours[1]. Les autres trouvent leur place dans la formule: Dieu offre à l'être humain sa justification seulement à cause du Christ (*solo Christo*), seulement par grâce (*sola gratia*), seulement par l'écoute de l'Évangile (*solo verbo*) par le moyen de la foi[2] (*sola fide*). Le fait que le *scriptura sola* se situe à un autre niveau que les autres *sola* apparaîtra encore plus clairement dans l'histoire de l'apparition de cette formule.

II. L'apparition du *sola scriptura* dans le contexte de la dispute de Leipzig[3]

Martin Luther n'a pas découvert le *sola scriptura*, pas plus qu'il n'en a parlé de façon planifiée et délibérée. Il parvient au *sola scriptura* lorsqu'il est contraint par Johannes Eck, lors de la dispute de Leipzig, en 1519, à formuler des thèses qu'il n'avait pas prévues. Mis au pied du mur, Luther en vient à dire que quelques-unes des thèses de Jean Hus, condamnées par le Concile de Constance, n'étaient pas hérétiques. Jusqu'alors Luther avait toujours fait appel à l'Écriture et aux conciles contre les propos du pape ou des théologiens. Mais maintenant, il s'exprime explicitement contre un concile. Melanchthon eut la réponse plus rapidement que Luther: *sola scriptura*. Seul ce qui est contenu dans l'Écriture peut être présenté aux chrétiens comme obligatoire pour la doctrine et la foi. Tout le reste est tradition humaine, qui peut ou non leur convenir. Luther emprunta volontiers à l'humaniste Melanchthon le *sola scriptura*. Ce qui importe ici, c'est

[1] Des théologiens tels que Eberhard Jüngel ont protesté avec raison contre les tentatives de faire du *sola scriptura* un principe formel du protestantisme, à côté du *sola gratia* comme principe matériel, comme chez Martin Kähler.

[2] La foi est le medium de l'expérience de la justification, pas son présupposé ou sa condition. La foi est, selon Luther, l'œuvre de Dieu dans l'être humain.

[3] Dans ce qui suit je me réfère à V. Leppin, *Martin Luther*, Darmstadt, 2010.

que le *sola scriptura* veut poser des limites. Tout n'est pas indiscutable parmi ce que l'Église enseigne à partir de l'Écriture, tout ne doit pas être cru par tous. Les chrétiens sont libres de s'opposer à des traditions paralysantes. Ils peuvent certes accepter et s'approprier des traditions humaines, lorsqu'elles correspondent à l'Évangile. Plus tard encore, dans les articles de Smalkalde, Luther argumente constamment affirmant qu'une doctrine catholique est «une invention humaine», «superflue», voire «nuisible».

Le *sola scriptura* a donc une signification en vue d'une réforme de l'Église, il relève de la Réforme au sens d'une réforme comme redécouverte de l'Évangile de la justification. Dans des écrits de la Réforme comme «À la noblesse chrétienne de la nation allemande» (1520)[4], l'appel à l'Écriture apparaît comme une chance pour une réforme de l'Église. Un des trois murs que la papauté a édifiés pour se rendre inaccessible à la critique est le mur contre l'interprétation de l'Écriture par tout chrétien. Si les laïcs lisent l'Écriture, l'Église acquiert une instance critique, qui peut dépasser les abus et lancer les réformes nécessaires: tel est l'argument de Luther.

C'est peut-être avec le dogme marial de 1854 que l'on peut expliciter au mieux le sens originel du *sola scriptura*. La dogmatisation de l'immaculée conception de Marie est liée à cette menace: «C'est pourquoi, s'il en était, ce qu'à Dieu ne plaise, qui eussent la présomption d'avoir des sentiments contraires à ce que nous venons de définir, qu'ils sachent très clairement qu'ils se condamnent eux-mêmes par leur propre jugement, qu'ils ont fait naufrage dans la foi et se sont séparés de l'unité de l'Église» (DSH 2804). Le *sola scriptura* rend impossible un tel propos. Puisque l'immaculée conception de Marie n'est pas mentionnée dans l'Écriture, elle ne peut être déclarée contraignante pour la foi. On pourrait ajouter comme argument que sans cela, on ne serait pas sûr que les apôtres ne seraient pas exclus de l'Église par le critère du dogme de 1854.

Bien sûr, le *sola scriptura* n'a pas toujours été compris comme limitation aux dogmes, et il fut même l'origine de nombreux malentendus, qui eurent pour une part de fâcheuses conséquences. Puisqu'il s'agit ici de thèmes actuels, le *sola scriptura* doit être distingué de deux malentendus.

[4] Cf. Weimarer Ausgabe (ci-après WA) 6, p. 381-469.

III. Malentendus

3.1. *L'écrit contre l'oralité*

Le refus de la tradition orale n'appartient pas au sens originel du *scriptura sola*. Luther avait sur ce point une toute autre conception. Il était clair pour lui que dans les premiers temps du christianisme seul l'Ancien Testament portait le nom de sainte Écriture, et que l'« 'Évangile' n'était pas à proprement parler un écrit, mais une parole orale, que l'Écriture nous apportait, comme le Christ et les Apôtres l'avaient fait. C'est pourquoi le Christ lui-même n'avait rien écrit, mais qu'il avait parlé, et son enseignement n'était pas un écrit mais un évangile, ce qui veut dire: la bonne nouvelle, aussi nommée annonce, qui devait se propager non par la plume, mais par la bouche »[5]. L'Évangile lui-même était à l'origine une tradition orale. Et parce que l'Évangile est à l'origine parole orale, Luther estime cette dernière supérieure à la parole écrite. L'Évangile doit être promis personnellement à tout être humain, oralement. Par l'écriture (*Schrift*) le risque est trop grand qu'il soit compris comme un livre de loi et de règles (*Vor-schriften*) concernant l'agir et la foi. La foi naît de la prédication et la prédication est avant tout un événement oral.

3.2. *Biblicisme et fondamentalisme*

Le fondamentalisme et le biblicisme, qui prospèrent jusqu'aujourd'hui en protestantisme, n'appartiennent pas au sens originel du *scriptura sola*. Le fondamentalisme est apparu, après quelques précurseurs, au début du XXe siècle dans des Églises évangéliques aux États-Unis. Les Luthériens y jouent un rôle mineur, bien moins que les Presbytériens. Dans les lieux de formation théologique de ces derniers, à Princeton, est développée dès le milieu du XIXe siècle la doctrine de l'inerrance de la Sainte Écriture. La foi dans la véracité historique et littérale de la Sainte Écriture a conduit le fondamentalisme à rejeter violemment la critique historique, l'explication scientifique de l'apparition du monde, le darwinisme, la critique des miracles, celle de la résurrection et la naissance virginale comme des

[5] M. LUTHER, « Ein kleiner Unterricht, was man in den Evangelien suchen und erwarten soll » (1522), WA 10,1; p. 8-18, p.18.

faits historiques, de même celle qui voit dans l'éthique biblique l'expression d'une époque passée, ou dans l'apocalyptique l'écho d'une vision du futur d'hommes de l'Antiquité. Des familles ou des conceptions conservatrices de la société s'allièrent d'abord à l'anti-communisme, puis, au plus tard dans les années 80, elles jouèrent un rôle croissant dans le parti républicain, et se lièrent à des présidents «born again», comme Ronald Reagan. Il importe de voir que la compréhension par Luther du *scriptura sola* est tout sauf fondamentaliste. Luther critique des livres bibliques à partir de l'Évangile. Sur l'épître de Jacques il écrit par exemple: «Je ne la tiens pas pour l'écrit d'un Apôtre. (...) Elle voulait s'opposer à ceux qui se confiaient à la foi sans les œuvres, mais sur ce point elle montre des défaillances quant à l'esprit, l'intelligence et les mots. Elle brise l'Écriture et contredit par là Paul et toute l'Écriture. Elle s'aligne sur la loi et l'action. C'est pourquoi je ne veux plus la compter dans ma Bible parmi les livres principaux et droits. Mais je ne veux empêcher personne de l'estimer comme il veut, car il y a en elle, par ailleurs, beaucoup de bons dictons»[6]. Dans un propos de table il ira même jusqu'à dire: «Je vais encore chauffer le four avec le Jacquot [l'épître de Jacques]»[7].

Luther laisse aussi la place à des développements libres même des dix commandements: «Imo novos decalogos faciemus, sicut Paulus facit per omnes Epistolas, et Petrus, maxime Christus in Euangelio»[8]. Que Luther puisse critiquer si fortement des livres bibliques, qu'il puisse se distancier si nettement de certains passages de la Bible et d'en rapporter de larges parts aux seuls juifs dans une perspective d'histoire du salut, qu'il insiste enfin sur la parole orale de l'Évangile, tout cela montre qu'il n'a pas mis au centre de sa découverte et de la Réforme la foi en un livre saint, mais la confiance en la parole de réconfort de l'Évangile. Quelle était donc cette conception?

[6] M. LUTHER, *Vorrede zum Jakobus- und zum Judasbrief* (1522), WA DB 7, p. 384-386.

[7] M. LUTHER, WA Tischreden 5,382.

[8] M. LUTHER, WA 39,1, 47 (These 53) (1535). «Nous ferons même de nouveaux décalogues comme le faisait Paul dans toutes ses Épîtres, comme Pierre, et surtout le Christ dans l'Évangile».

IV. Les heures les plus silencieuses de la Réforme

Une des plus belles conférences que je connaisse sur la théologie de Luther est la conférence de Gerhard Ebeling à Édinbourg sur «Luther et la Bible»[9]. Elle commence par un chapitre intitulé «Les heures les plus silencieuses de la Réforme». Ebeling relativise les heures bruyantes de la réforme, sa dramaturgie publique avec ses images si marquantes, Luther au Reichstag à Worms, le retour de Luther de Wartburg à Wittenberg, et toutes les autres. «La dramaturgie de la Réforme appartient au passé. (…) Nous *devons* penser ce bouleversement considérable des temps, pour comprendre notre propre temps. Nous ne rendrons justice à la Réforme que si nous prêtons attention au mouvement de son cœur. Nous n'aurons un droit à nous réclamer de la Réforme, comme ses héritiers et comme ses avocats aujourd'hui, que si ce qui meut son cœur n'appartient pas au passé, mais qu'il est à ce point notre propre chose que nous ne pouvons y penser sans y mettre aussi notre cœur, comme notre responsabilité propre la plus haute»[10]. Mais où se situe ce mouvement du cœur de la Réforme? D'après Ebeling, il s'agit de l'Évangile de la grâce de Dieu, qui animait Luther dans ses heures les plus silencieuses. Cet Évangile mit en mouvement toute une époque. Cette grâce de Dieu rencontre l'être humain dans l'Écriture, certes, mais pas dans la lettre: dans l'Esprit de l'Écriture. «La question initiale, comment la lettre du texte devient Esprit, s'est précisée pour Luther dans le processus de clarification de sa théologie, pour se formuler ainsi: comment la parole transmise devient *parole* de manière juste? (…) L'Écriture veut devenir parole vivante» [11]. Parole vivante, cela veut dire pour Luther la parole qui rend la préoccupation propre, centrale, de l'Écriture. Cette préoccupation centrale de la Sainte Écriture, pour Luther, n'est pas multiple, mais simple: c'est l'Évangile de la grâce de Dieu en Jésus-Christ. Sans le Christ l'Écriture n'est rien: «Tolle Christum e scripturis, quid amplius in illis invenies?»[12].

[9] La conférence fut tenue en anglais le 30 octobre 1967 et a été publiée en allemand sous le titre «Luther und die Bibel» dans G. Ebeling, *Lutherstudien*, Bd. I, Tübingen, Mohr Siebeck, 1971, p. 286-299.

[10] G. Ebeling, «Luther und die Bibel», p. 288-289 (c'est Ebeling qui souligne).

[11] G. Ebeling, «Luther und die Bibel», p. 298-299 (c'est Ebeling qui souligne).

[12] M. Luther, WA 18,606 (1525). «Enlève le Christ de l'écriture, qu'y trouveras-tu encore?»

V. L'Écriture comme vis-à-vis nécessaire

L'Écriture Sainte est source de la prédication de l'unique Évangile de la justification par la grâce seule. La foi n'est pas foi dans les contenus et énoncés multiples de l'Écriture. Déjà pour Luther la foi n'est pas foi dans des faits historiques, comme la conception virginale ou la création du monde en six jours. Ce sont des œuvres de la loi que les fondamentalistes imposent aux gens. Pourquoi a-t-on besoin de l'Écriture lorsque l'on connaît l'Évangile? Pour Luther la réponse serait celle-ci: nous n'en avons pas besoin au sens d'une nécessité pour le salut. Mais l'Écriture est importante. Elle protège la prédication de l'Évangile des transformations arbitraires, elle est un vis-à-vis nécessaire pour l'Église et pour le prédicateur. L'Écriture empêche aussi que la prédication devienne monotone. Retrouver le Christ dans l'Écriture, sous des formes les plus différentes, voilà ce qui donne à la prédication sa diversité. L'Écriture devient témoin de l'Évangile. Outre l'Écriture, Luther parle aussi de l'expérience comme d'un second témoin. Ebeling écrit à ce sujet: «se consacrer au texte et à son élucidation [comme le fit intensivement Luther dans ses traductions de la Bible, dans ses cours d'exégèse et dans ses prédications] correspond dans une certaine mesure à l'expérience avec le texte: entrer dans le texte, dans la situation pour laquelle il a été écrit, cela signifie l'exposer à l'expérience de la vie, faire avec lui des expériences, ne pas le maîtriser par l'entendement, mais se laisser toucher par lui dans sa conscience. Que ce soit avec ou sans érudition, mais en tout cas simplement entendre. Parce que là où il est vraiment question d'être touché, lorsqu'il en va de quelque chose de sérieux, on est vraiment auprès de la chose du texte, Luther peut parler de l'Écriture et de l'expérience comme de deux témoins, et reprocher à ses opposants de manquer non seulement de base scripturaire, mais aussi d'expérience»[13].

VI. Croire et agir en vérité: nouveau décalogue et non-violence

«'L'Écriture seule', cela ne justifie pas que l'on se retire avec l'Écriture dans un ghetto, mais cela encourage à mettre à l'épreuve cette exigence de l'Écriture là où se trouve son plus grand forum: dans

[13] G. Ebeling, «Luther und die Bibel», p. 300.

la responsabilité devant Dieu et devant le monde»[14]. On ne rend pas justice à cette responsabilité en cherchant des passages de la Bible qui justifient notre propre comportement. Parce que le chrétien peut créer un nouveau Décalogue, et qu'il doit trouver son chemin devant la mort, la faute et le mal, dans l'Esprit et dans l'amour, l'éthique chrétienne doit toujours emprunter courageusement de nouvelles voies.

Une application du *solo verbo* joue toujours sur ce point un rôle particulier. *Solo verbo*, comme formulation, se trouve toujours dans une opposition: *non vi, sed verbo*. Ce n'est pas en exerçant la violence, mais seulement par la parole que l'Évangile doit être répandu. Luther ne s'est pas toujours tenu à cette formule, par exemple lorsqu'il a justifié la violence contre les Anabaptistes. Mais en 1522, dans le débat avec les «prophètes de Zwickau», il insista sur le fait que l'autorité ne devait pas intervenir avec violence, mais qu'elle devait aller à leur rencontre seulement par la parole. Aujourd'hui encore cette formule apparaît pertinente. La vie commune de différentes confessions ou religions n'est possible que là où les religions ne se répandent que par la parole, et non par la violence physique.

Martin LEINER

[14] G. EBELING, «Luther und die Bibel», p. 300.

« Réponse »

Sola scriptura canonica est regula fidei

I. Accords préalables

S'il importe que chaque confession chrétienne fasse retour sur son histoire pour redécouvrir le véritable sens des formules qui la structurent, qu'elle répète par conséquent régulièrement, et qui sont dès lors les plus exposées aux déformations, il me semble qu'il importe tout autant que les discussions œcuméniques ne repartent pas toujours des problématiques qui ont donné naissance à des divisions confessionnelles, au risque de revenir aux mêmes apories. La voie la moins satisfaisante étant, sur ce point, de repartir précisément des exemples sans cesse repris dans la littérature de controverse. Pour notre cas, par exemple, le « sola scriptura », partir des dogmes mariaux des XIXe et XXe siècles.

Puisque ces « duos d'articles » de la *Revue Théologique de Louvain* sont conçus autour de la discussion entre un texte luthérien et un « répondant » catholique, la tentation pourrait être grande de repartir de l'opposition entre Écriture et tradition que semble véhiculer la formule *scriptura sola*, et d'argumenter sur une éventuelle « insuffisance » des saintes Écritures. Mais précisément parce que cette opposition entre Écriture et tradition n'existe que depuis la Réforme et la Contre-Réforme, il m'apparaît préférable de m'interroger sur le sens de la formule « scriptura sola » hors de cette opposition.

Sur les rapports entre Écriture et tradition, les différences qui subsistent doivent être relativisées devant les accords entre les confessions chrétiennes. Ainsi la IVe conférence mondiale de *Foi et Constitution*, en 1963, sut poser une distinction essentielle entre les traditions propres à chaque confession, avec leurs éventuelles formulations plus ou moins normatives, et le phénomène de la transmission de l'Évangile dans et par l'Église, dans la prédication, la vie liturgique et la réflexion des communautés chrétiennes, et dans le témoignage des chrétiens, avec les processus d'actualisation qui lui sont inhérents, et leurs jeux complexes de continuités et de ruptures. La transmission de l'Évangile est toujours médiatisée, et donc historique et communautaire.

Cet accord ne résout pas toutes les difficultés, bien entendu, mais elle permet déjà de récuser l'opposition Écriture et tradition, ou du moins de la situer: il ne s'agit en ce cas que de rendre compte de la possibilité et de la nécessité de critiquer des traditions ecclésiales au nom de l'Évangile. Or, sur la nécessité de cette critique, catholiques et luthériens sont unis, même s'ils peuvent diverger sur sa portée. Et les théologiens catholiques ne devraient pas avoir trop de peine à reconnaître, avec Karl Heinz Neufeld, que «la peur de l'innovation finit (…) par jeter la suspicion sur l'activité vitale du christianisme, comme le montre clairement l'usage qu'on fit de la formule par laquelle Vincent de Lérins avait résumé la règle de la tradition. On n'admettait comme catholique que "ce qui a été cru partout, toujours et par tous" (*Comm.* c. 23), au risque de s'enfermer dans un rapport unilatéral avec le passé»[15].

Le principe de la «sola scriptura», comme le rappelle très clairement Martin Leiner, vise avant tout à maintenir clairement la distinction entre la norme originelle, normante, qu'est l'Écriture, et les normes dérivées, ou normées, que sont les textes symboliques des différentes confessions chrétiennes. «Tout n'est pas indiscutable parmi ce que l'Église enseigne à partir de l'Écriture, tout ne doit pas être cru par tous. Les chrétiens sont libres de s'opposer à des traditions paralysantes. Ils peuvent certes accepter et s'approprier des traditions humaines, lorsqu'elles correspondent à l'Évangile», écrit Martin Leiner. Mais posons-nous très sincèrement la question: quel catholique a-t-il vraiment mis sur le même plan les Béatitudes et une bulle pontificale? Là aussi, les écarts qui subsistent ne doivent pas masquer les accords. Les oppositions elles-mêmes ne doivent pas être simplistes: la réponse de ce qui allait devenir la confession catholique devant la réforme protestante fut un Concile, le Concile de Trente, qui fut à l'origine d'un immense mouvement de réforme. Dans sa vie, même si elle ne le formule jamais dans ces termes (et cette absence mériterait d'être pensée), l'Église catholique ne cesse de se réformer, et donc de critiquer ses institutions et ses enseignements à l'aune de l'Évangile. À l'inverse, le sens de la Réforme n'était pas de récuser toute tradition, mais de s'interroger sur leur statut et de se demander: quelles sont les traditions les plus conformes à l'Évangile?

[15] K. H. Neufeld, «Tradition. A. Théologie catholique», dans *Dictionnaire Critique de Théologie*, Paris, PUF, 2007, p. 1405.

II. Évangile et Écritures

Les grandes questions que doivent affronter les théologiens chrétiens sur le statut de l'Écriture sont nombreuses. On peut citer la question du rapport à l'histoire: le rôle de la critique historique et le statut de l'écart entre le récit biblique et les hypothèses des historiens sur la réalité historique éventuellement sous-jacente. Ou bien encore le statut en christianisme de l'Ancien Testament. On peut aussi citer la question sur le statut normatif de l'Écriture face aux lectures contextuelles et actualisantes. On peut enfin mentionner, et je m'arrêterai quelque peu sur ce point, tout un questionnement sur le statut des Écritures comme *écriture*. On pourrait en citer bien d'autres. Or je ne suis pas sûr que les divergences qui pourraient surgir dans les réponses à ces questions recouvrent exactement les différences confessionnelles. Autrement dit la pertinence du principe de la *scriptura sola* ne relève en rien exclusivement des désaccords entre catholiques et protestants.

Arrêtons-nous un instant sur le statut de l'Écriture comme *écriture*. L'article de Martin Leiner insiste à juste titre sur la différence entre la position de Luther et le fondamentalisme ou le littéralisme. Il souligne également le rôle de vis-à-vis de l'Écriture par rapport à l'Église, un rôle trop peu souligné dans la théologie catholique, elle qui tend parfois à *inclure* l'Écriture dans l'Église, comme une cristallisation particulière d'un processus de transmission, de tradition, plus large, laissant volontiers de côté le fait que l'Église en son histoire commente mais ne prolonge pas la Bible (c'est le principe de base de la clôture du canon).

Face à la critique moderne, qu'elle soit historique, philologique ou scientifique, le protestantisme moderne a cherché, de plusieurs manières, à penser une distinction entre la Bible et la Parole de Dieu. Mais la «crise du principe scripturaire» a conduit certaines théorisations de la théologie protestante à formuler cette distinction entre Bible et Parole de Dieu, ou bien encore entre Écritures et Révélation[16], en reprenant des distinctions trop tranchées (et surtout très

[16] Il faut citer ici le rôle particulièrement important de la conférence donnée en 1882 par W. Herrmann, *Die Bedeutung der Inspirationslehre für die evangelische Kirche*, Halle, Niemeyer, 1882. On y observe le déplacement délibéré d'une réflexion sur l'Écriture vers une réflexion sur la Révélation, qui caractérisera aussi la théologie catholique après *Dei Verbum*. Le concept de révélation devient le principe

logocentriques, et donc métaphysiques, *volens nolens*) entre la vivacité de la parole et la supposée inertie de la lettre.

Le principe de la *sola scriptura* nous invite à l'inverse à revenir à la priorité du texte sur son commentaire[17], car nous n'avons jamais d'accès direct à la «parole de Dieu», mais seulement à des livres, qu'il s'agit de lire et de comprendre. Nous lisons des livres confessés comme inspirés[18], et écrits de la main des hommes (nul ne contestera ce point), ce qui fait qu'ils relèvent nécessairement de différentes lectures: historiques, littéraires, philologiques, mais aussi, bien que plus rarement aujourd'hui, *théologiques*. Plus rarement, car, en effet, comme l'écrit Pierre Gisel, en modernité,

> «On rapporte toujours à l'exégète-historien la possibilité et la tâche de dire la vérité du texte, ou tout au moins son sens ou son message; et on le fait toujours à l'encontre de lectures théologiques soupçonnées d'être idéologiques ou ecclésiales, et qui sont en outre vues – les deux points sont ici spontanément liés – comme relevant de l'ajout, de la distorsion, de l'appropriation indue, de la surcharge intellectuelle ou doctrinale. (…) Cette posture est largement partagée par la modernité laïque; elle l'est aussi à l'intérieur des Églises»[19].

Deux principes sont à l'œuvre dans cette posture, tous deux également contestables: le primat d'un sens originaire pris comme fondement, séparé des processus de lecture des textes bibliques, et l'exclusion de la

d'éclaircissement de la Bible: «La révélation est plus déterminée et plus saisissable que le Nouveau Testament, et c'est pourquoi elle est seule en mesure de donner à la communauté chrétienne une existence et une forme stables. [Cette révélation] C'est la personne du Christ, dans l'œuvre de sa vie, en qui Dieu fait connaître à l'humanité sa volonté éternelle, et en qui il a réalisé l'acte spécifique de la rémission de nos péchés. (…) Nous ne devons (…) chercher rien de plus dans l'Écriture qu'une plus profonde compréhension des actes de Dieu à partir desquels est né l'Évangile» (p. 27). Sur l'évolution de la théologie protestante sur le principe scripturaire, voir J. LAUSTER, *Prinzip und Methode. Die Transformation des protestantischen Schriftsprinzip durch die historische Kritik von Schleiermacher bis zur Gegenwart* (Hermeneutische Untersuchungen, 46), Tübingen, Mohr Siebeck, 2004.

[17] «Le commentaire est notre drogue. Comme des somnambules, nous sommes protégés du rayonnement, souvent dur et impérieux, de la présence nue par le bourdonnement soporifique du journaliste ou du théoricien.» G. STEINER, *Réelles présences. Les arts du sens* (Folio Essais), Paris, Gallimard, p. 73.

[18] La fréquentation de quelques dictionnaires théologiques récents faisant autorité, en français, en allemand ou en anglais permet rapidement de constater soit la disparition pure et simple de l'entrée «Inspiration», soit son traitement bref, l'essentiel étant développé au mieux dans une entrée «Écritures», voire «Parole de Dieu».

[19] P. GISEL, «Statut de l'écriture et vérité en christianisme», dans *Recherches de Science Religieuse*, 95, 2007/3, p. 373-392, ici p. 374.

vérité possible d'une lecture théologique. Cette posture est parfois préparée par la répartition des rôles quelques fois validée au sein des Églises: aux théologiens reviendrait le dogme, aux exégètes l'histoire. Et dès lors que l'on conteste l'identification entre la vérité théologique du texte biblique et les constructions dogmatiques, on voit le sort peu enviable qui attend la revendication d'une vérité théologique du texte biblique.

Or la prise en compte de la dimension historique de la foi chrétienne n'appelle pas seulement une répartition des domaines, mais un déplacement du regard sur la Bible, sur sa vérité, sur la théologie et sur le christianisme comme religion instituée[20]. Notre rapport à la Parole de Dieu est toujours médiatisé par un livre, la Bible: autrement dit par une réalité historique, avec son opacité irréductible (en tant qu'écriture et en tant qu'historique), par des règles de lecture (sur lesquels nous reviendrons), et par tout ce qui constitue la réception, la compréhension de ce texte comme parole de Dieu.

L'écrit, avec son signifiant, comme l'histoire, signe toujours l'écart d'avec l'origine[21], et cet écart est particulièrement important en christianisme: Jésus n'est pas le fondateur du christianisme, mais son centre, et les Écritures saintes ne sont pas la présence immédiate de la Parole de Dieu, mais des témoignages de foi (juive, puis chrétienne) *à travers lesquels* Dieu parle. Et la lecture des Écritures comme Parole de Dieu, et plus précisément en christianisme comme Évangile, n'est jamais séparable d'une méditation sur ce que ces textes disent *ici et maintenant*: «Que Jésus ait dit telle parole, et que l'exégète-historien puisse le démontrer, a son ordre de pertinence, d'argumentation et de contestation, mais cela ne dit *en rien* en quoi cette parole serait humainement et théologiquement *vraie*, ni donc *ce qu'on a à en faire*. C'est là en effet une question qui relève du théologique, même si elle ne peut se développer qu'aux prises avec l'histoire, voire en s'entrelaçant dans ce qui la constitue, dans ce qui fait la vie, individuelle et sociale.»[22]

[20] Ce que cherchait déjà à penser Troeltsch en 1900 dans son célèbre article «À propos de la méthode historique et de la méthode dogmatique en théologie», publié en français dans E. TROELTSCH, *Œuvres III, Histoire des religions et destin de la théologie*, Paris-Genève, Cerf-Labor et Fides, 1996.

[21] J. DERRIDA, *La Voix et le phénomène*, Paris, PUF, 1967.

[22] P. GISEL, «Statut de l'écriture et vérité en christianisme», p. 386.

III. Sola scriptura canonica est regula fidei

«Sola scriptura canonica est regula fidei»: la phrase qui sert de titre à notre contribution est une citation de... Thomas d'Aquin[23]. On ne peut nier que la tentation récurrente de l'Église catholique fut d'accorder plus de place à son enseignement magistériel qu'à la Parole de Dieu: il suffit pour cela de s'informer des débats relatifs à l'écriture de la constitution dogmatique *Dei Verbum* au deuxième concile du Vatican[24]. Encore faudrait-il souligner que si la théorie dite des «deux sources», celle qui voyait la révélation divine contenue pour une part dans l'Écriture et pour une part dans la Tradition, a été explicitement contestée par le texte de *Dei Verbum*, l'idée demeure cependant vivace, sous des plumes catholiques, qui en viennent régulièrement à écrire «Écriture et Tradition», comme s'il s'agissait de deux ensembles autonomes et équivalents.

Il n'en reste pas moins que la théologie catholique n'est pas réductible à ses développements après la Réforme, et que la pratique patristique et médiévale de la théologie ne se théorisait pas autour de l'idée d'une insuffisance de l'Écriture, à compléter par une Tradition. Et le même Thomas d'Aquin qui affirme clairement que «la vérité première nous est proposée dans les Écritures sainement comprises selon la doctrine de l'Église» (IIa-IIae, Q. 5, a. 3, sol. 2) est le même qui tout aussi clairement peut dire que «l'Écriture sainte ou doctrine sacrée (*sacra Scriptura seu doctrina*) est fondée sur la révélation divine» (Ia, Q. 1, a. 2, sol. 2). Autrement dit Thomas peut identifier *doctrina sacra* et *sacra scriptura*, sans voir la moindre contradiction entre les deux propositions. Comment cela est-il possible?

Nous trouvons me semble-t-il quelques lumières, pour répondre à cette question, dans un article de la II-IIae. Dans la question 1 (l'objet de la foi), Thomas s'interroge dans l'article 9 sur la transmission des articles de foi par le symbole.

La première objection expose qu'il «semble malheureux de mettre les articles de foi dans un symbole. Car la Sainte Écriture est la règle de la foi, règle à laquelle il n'est permis ni d'ajouter ni de retrancher:

[23] Thomas d'Aquin, *Super Evangelium S. Johannis*, lectura 21,34 (éd. Marietti, 1952, n° 2656).

[24] Voir en particulier R. Burigana, *La Bibbia nel concilio. La redazione della costitutione* Dei Verbum *del Vaticano II*, Bologne, Il Mulino,1998 et C. Theobald, *Histoire du Concile Vatican II*, tome 5, Paris, Cerf, 2005.

« À la parole que je vous adresse, dit le Deutéronome (4,2), vous n'ajouterez ni vous n'ôterez. » Il n'était donc plus permis de constituer un symbole qui fût une règle de foi, après que la Sainte Écriture eut été publiée.

La réponse de Thomas à cette objection est la suivante:

> « La vérité de foi est contenue dans la Sainte Écriture d'une manière diffuse, sous des modes fort divers, et par endroits obscurs, de sorte que pour l'en dégager, il faut beaucoup d'études et d'efforts. Tous ceux à qui il est nécessaire de connaître la vérité de foi ne peuvent y parvenir, car la plupart d'entre eux, occupés à d'autres affaires, ne peuvent vaquer à l'étude. Voilà pourquoi il a été nécessaire de tirer des sentences de la Sainte Écriture un recueil concis et clair qu'on pourrait proposer à la foi de tous. Ce n'est pas là ajouter, c'est bien plutôt extraire ».

Deux choses doivent être notées dans cette réponse à la première objection. Tout d'abord, celle-ci ne remet absolument pas en cause le principe invoqué par l'objection: « la Sainte Écriture est la règle de la foi ». La seconde est que dans la perspective de Thomas, les énoncés doctrinaux ne sont pas *ajoutés* à la sainte Écriture, ni issus d'une opération de lecture « à la lumière de la Tradition ». Non: ils sont purement et simplement *extraits* de l'Écriture.

Et c'est là que se manifeste la rupture entre l'âge patristique et médiéval, d'une part, et l'époque moderne, d'autre part: pour cette dernière, seul le sens littéral est « contenu » dans les Écritures, les sens spirituels, quant à eux, sont issus d'une opération d'interprétation par le lecteur. Et l'on comprend fort bien alors pourquoi la Réforme refuse de voir intervenir une médiation humaine, ecclésiastique, dans cette opération herméneutique, tandis que les catholiques, de leur côté, s'efforceront de justifier cette opération, tentant de faire valoir (pour citer deux auteurs alors peu suspects de traditionalisme), que « l'Écriture ne contient pas toute la *veritas evangelii* »[25].

Que la question ne se pose pas ainsi pour les médiévaux, rien ne le montre mieux que cette citation de saint Thomas: « Toute vérité qui peut s'accorder à la divine Écriture dans le respect de sa lettre en est le sens »[26]. Autrement dit, non seulement le sens littéral, mais aussi

[25] K. RAHNER et J. RATZINGER, *Révélation et Tradition*, Paris, Desclée de Brouwer, 1972, p. 49.

[26] « Omnis veritas quae, salva litterae circumstantia, potest divinae scripturae aptari, est ejus sensus. » THOMAS D'AQUIN, *De Potentia*, Q. 4 a. 1 sol.

les différents sens spirituels, et même les propositions des symboles de foi, sont selon lui les sens de l'Écriture, et non le résultat d'une interprétation. Tel n'est évidemment plus le cas pour Luther, ni pour la Contre-Réforme.

Gilbert Dahan, dans plusieurs études, en particulier dans son recueil *Lire la Bible au Moyen-Âge*[27], insiste sur la pluralité des sens de l'Écriture pour les auteurs médiévaux: non seulement le sens littéral et les sens spirituels sont les sens du texte lui-même, mais – et c'est une spécificité de la Bible, pour eux–, non seulement les mots mais aussi les choses (*res*) désignées par ces mots sont porteurs de sens inspirés[28].

Cela n'aurait aucun sens de promouvoir aujourd'hui le retour à une herméneutique médiévale. Mais les études récentes sur cette herméneutique nous aident à ne pas absolutiser notre rapport actuel au texte, ni les herméneutiques modernes et contemporaines. Il n'est pas certain, et il est même très probable que nous ne partageons plus certaines évidences herméneutiques de Luther et de ses contemporains. Nous pouvons citer au moins trois points, que nous ne pouvons ici que mentionner, mais qui mériteraient de longs développements, qui

[27] G. Dahan, *Lire la Bible au Moyen-Âge: Essais d'herméneutique médiévale*, Genève, Droz, 2009, mais aussi *L'Exégèse chrétienne de la Bible en Occident médiéval, XIIe-XIVe siècles*, Paris, Cerf, 1999.

[28] «Il apparaît ainsi combien l'Écriture divine l'emporte en subtilité et en profondeur sur tous les autres textes, non seulement dans son sujet mais aussi dans ses modalités: en effet, alors que dans les autres textes, seuls les mots se trouvent avoir des significations, dans celle-ci non seulement les mots (*voces*) mais aussi les réalités (*res*) signifient. De même que, dans le sens qui se trouve entre les mots et les réalités, est nécessaire la connaissance des mots, de même, dans celui qui apparaît entre les réalités et les événements mystiques, présents ou futurs, est nécessaire la connaissance des réalités. La connaissance des mots porte sur deux points: l'élocution et la signification; à la seule élocution est consacrée la grammaire, à la signification, la dialectique, la rhétorique concerne les deux à la fois. La connaissance des réalités consiste en deux choses: la forme et la nature. La forme se trouve dans la disposition extérieure, la nature dans la qualité intérieure. La forme des réalités est considérée dans le nombre, à quoi est consacrée l'arithmétique, dans la proportion, à quoi est consacrée la musique, dans la dimension, à quoi est consacrée la géométrie, ou dans le mouvement, à quoi est consacrée la géométrie. La physique étudie quant à elle la nature intérieure des réalités.» Hugues de Saint Victor, *De sacramentis*, prol. § 5, *PL* 176, 185 (cité par G. Dahan, *Lire la Bible au Moyen-Âge*, p. 16-17). On voit clairement dans cet exemple jusqu'où va l'approfondissement de la signification d'un texte, qui s'étend, au-delà des mots, jusqu'à l'étude des réalités que le texte désigne.

font que nous ne partageons peut-être plus les évidences herméneutiques du XVIe siècle:

- l'évidence de l'existence d'un sens littéral, indépendant de toute assomption d'arrière-plan, est devenue plus que douteuse depuis les travaux de Searle[29]; et par conséquent la distinction claire entre ce qui serait «le sens du texte» et ce qui serait le sens issu d'une interprétation;
- cette même distinction entre sens propre et interprétation est devenue très contestable depuis les travaux de Gadamer et de Ricœur, et leur mise en lumière du cercle herméneutique;
- dans la même direction, la distinction nette entre ce qui serait le sens «propre» du texte et l'histoire de sa réception n'est plus faite dans beaucoup d'approches contemporaines[30].

Un dernier point, concernant notre rapport à l'herméneutique qui était celle de Luther, mérite d'être un peu développé: c'est la «clarté» de l'Écriture, revendiquée par Luther. Remettre en question ce postulat de clarté, voire évoquer ce «temps où l'écriture n'était heureusement pas claire»[31], cela ne signifie pas nécessairement, même dans une perspective catholique, chercher à remédier à l'obscurité de la Bible à l'aide d'un principe magistériel qui, étant quelque peu cartésien, serait chargé d'assurer la mise en évidence d'idées claires et distinctes dans les Écritures.

Le principe de la *sola scriptura* est certes inséparable de la thèse: *scriptura sola sui ipsius interpres*[32]. Ce n'est pas là nécessairement affirmer que les Écritures sont claires, ne posent aucun problème d'interprétation, mais que le principe de leur clarté (le kérygme, pourrait-on proposer), est contenu lui-même dans les Écritures. Et que, quelles que soient les obscurités de la Bible, celles-ci ne sauraient être levées par une source extérieure, que ce soit par la tradition ou par le magistère, dans une version catholique, ou escamotées d'emblée par un littéralisme de principe, dans une version protestante.

[29] J. R. SEARLE, *Sens et expression* (Le sens commun), Paris, Minuit, 1982, mais aussi, du même, «Le sens littéral», dans *Langue française*, 42/1, 1979, p. 34-47

[30] H. R. JAUSS, *Pour une esthétique de la réception*, Paris, Gallimard, 1978.

[31] P. GISEL, «Statut de l'écriture et vérité en christianisme», p. 378 et suivantes.

[32] Cité dans M. LUTHER, *Wahrheitsbekräftigung aller Artikel Martin Luthers, die von der jüngsten Bulle Leos X. verdammt worden sind*, WA 7, 97 (traduction allemande de *Assertio omnium articulorum M. Lutheri per bullam Leonis X novissimam damnatorum*, de 1521).

On le voit, concevoir la théologie comme un effort ininterrompu pour comprendre les Écritures, en faire jaillir l'intelligibilité et la puissance de conversion, en d'autres temps que ceux de sa première énonciation, concevoir l'Écriture comme règle de la foi, ceci peut être une définition commune aux croyants catholiques et luthériens. Et les différences qui pourraient apparaître dans les réponses, lorsque l'on accepte ce projet, ne recouvriraient pas nécessairement des frontières confessionnelles.

Olivier RIAUDEL

Sola fide, ou: vivre en confiance

En guise d'introduction

Si le *sola gratia* («par la grâce seule») marque l'accueil gracieux que nous réserve Dieu, si le *solus Christus* («le Christ seul») en souligne l'enracinement historique et si le *sola scriptura* («l'Écriture seule»), assorti parfois du *solo verbo* («par la parole seule»), précise la source où cette promesse se fait entendre, le *sola fide* («par la foi seule») explicite comment cela imprègne la vie, comment cela prend forme au quotidien. Il s'agira donc de clarifier comment ce message d'accueil gracieux, fondé en le Christ et transmis dans la parole écrite et proclamée, peut être à son tour accueilli, reçu et approprié par ses destinataires, pour devenir une réalité existentielle.

C'est cette dimension que nous voulons développer ici sous l'angle de la théologie réformatrice[1].

Pas d'abord un «tenir-pour-vrai»

Dans une conception courante, on associe d'abord au terme de foi l'attitude qui consiste à «croire que…», donc à adhérer à un certain nombre de vérités que la personne qui croit est invitée à tenir pour vraies. La foi se rapproche alors de la croyance. Dans la tradition philosophique grecque, un tel «croire que…» correspond à une forme

[1] Voir G. Ebeling, *Luther. Introduction à une réflexion théologique*, Genève, Labor et Fides, 1983, surtout p. 135-147: «Foi et amour»; E. Jüngel, *Das Evangelium der Rechtfertigung des Gottlosen als Zentrum des christlichen Glaubens. Eine theologische Studie in ökumenischer Absicht*, Tübingen, Mohr Siebeck, (1998) 2011[6] (pour l'explicitation des particules exclusives, voir p. 127-220); M. Lienhard, *Luther. Ses sources, sa pensée, sa place dans l'histoire*, Genève, Labor et Fides, 2016 (p. 179-186: «La foi et l'expérience»; p. 341-357: «La justification par la foi»; p. 435-442: «Croire»); D. Olivier, *La foi de Luther. La cause de l'Évangile dans l'Église*, Paris, Beauchesne, 1978. – Lorsque des traductions françaises des œuvres de Luther sont disponibles, nous les citons (parfois en modifiant la traduction); sinon, nous les traduisons à partir de l'édition critique de Weimar (abréviation: WA, avec le tome, la page et la ligne). Pour l'édition des œuvres chez Labor et Fides, Genève, l'abréviation est MLO, avec le tome et la page.

inférieure de connaissance, relevant de la simple opinion (*doxa*), à défaut d'une connaissance plus haute, relevant de l'intelligence rationnelle (*nous*). On dira alors avec un peu de dédain pour la foi qu'il vaut mieux savoir que croire. Mais on présuppose par là qu'il en va de deux capacités du même registre de la connaissance.

Certes, quand la foi est appelée à rendre compte d'elle-même, elle s'articule dans des énoncés de foi, exprimant le système de convictions du croyant et disant ainsi «ce qu'elle croit». Pour cet aspect de la foi, la tradition a développé la formule *fides quae creditur*, «la foi *que* l'on croit». Cette explicitation pourra par exemple prendre la forme d'une confession de foi. À l'opposé, quand il en va de l'attitude de la foi en tant que telle, on parle de la *fides qua creditur*, «la foi *par laquelle* on croit». Ce second aspect relève d'un tout autre registre, soulignant que la foi n'est pas d'abord un «tenir-pour-vrai». La Réforme va accentuer très fortement cet autre registre, notamment pour se démarquer de la conception scolastique de la foi, qui tend elle aussi, à la manière grecque, à marquer surtout sa dimension intellectuelle (la foi comme *virtus intellectualis*).

Fides – fiducia: la foi est d'abord confiance

Dans son *Grand Catéchisme*, en commentant le premier commandement du Décalogue[2], Luther pose la question «Qu'est-ce qu'avoir un dieu, ou qu'est-ce que Dieu?». Sa réponse est tout d'abord: «Un dieu, c'est ce dont on doit attendre tous les biens et en quoi on doit avoir son refuge en toutes détresses.» Cette définition de la divinité lui permet d'emblée de préciser la foi au sens de la confiance placée en un tel dieu: «De telle sorte qu'avoir un dieu n'est autre chose que croire en lui de tout son cœur et, de tout son cœur, mettre en lui sa confiance». En d'autres endroits, Luther peut souligner ce lien en associant les racines latines *fides* et *fiducia*. Dans la suite du texte du *Grand Catéchisme*, Luther les unit par un «et», faisant de ce couple le critère de ce qui constitue le véritable Dieu: «Comme je l'ai dit souvent, la confiance et la foi du cœur font et le Dieu et l'idole. Si la foi et la confiance sont justes et vraies, ton Dieu, lui aussi, est vrai, et inversement, là où cette confiance est fausse et injuste, là non plus

[2] MLO 7,33.

n'est pas le vrai Dieu. Car foi et dieu sont inséparables. Ce à quoi (dis-je) tu attaches ton cœur et tu te fies est, proprement, ton dieu.»[3]

Luther évoque ensuite différents dieux tirés de la vie courante: l'argent, l'érudition, la puissance, les faveurs, la parenté, la considération, les saints, etc. Un peu plus bas, il précise que ce qui spécifie la vraie foi en le vrai Dieu, c'est d'être un «avoir sans avoir», sans possession: «Quant à "avoir Dieu", tu peux bien déduire qu'on ne peut le toucher ou le saisir avec les doigts, ni le mettre dans une bourse ou l'enfermer dans une boîte. Mais voici comment on le saisit: quand le cœur s'empare de lui et est attaché à lui.»[4] C'est pourquoi Luther peut, dans le sens de cet attachement du cœur, identifier le «croire» et l'«avoir»: «si tu crois, tu auras; si tu ne crois pas, tu n'auras pas»[5].

L'enjeu décisif est donc ici celui d'un fondement fiable, susceptible de donner une assise, une teneur à la vie. Cette confiance correspond au sens principal du verbe hébreu *'âman*, qui est à la racine aussi bien de la notion de foi (*'emoûnâh*) que de celle de vérité (*'èmèt*): ce qui rend la vie vraie, c'est ce sur quoi elle peut s'appuyer[6].

Une relationnalité constitutive

On peut déduire de cet accent sur la confiance que la foi est d'abord une catégorie *relationnelle*. Le Nouveau Testament a souligné cette relationnalité par la construction grammaticale *pistis eis*... («la foi en...») et *pisteuein eis*... («croire en...), inusitée en grec classique.

[3] Dans son commentaire de l'épître aux Galates, Luther risque une formule téméraire en disant que la foi est «créatrice de la divinité» (*creatrix divinitatis*; WA 40,1; 360,5); il spécifie toutefois d'emblée: «non dans sa personne, mais en nous». Voir, sur ce passage, W. Mostert, «"Fides creatrix". Dogmatische Erwägungen über Kreativität und Konkretion des Glaubens», dans P. Bühler, G. Ebeling (éds), *Walter Mostert. Glaube und Hermeneutik. Gesammelte Aufsätze*, Tübingen, Mohr Siebeck, 1998, p. 200-214.

[4] MLO 7,35.

[5] M. Luther, *De la liberté du chrétien. Préfaces à la Bible. La naissance de l'allemand philosophique* (Essais-Points, 338), trad. et commentaires par Ph. Büttgen, Paris, Seuil, 1996, p. 37 (trad. modifiée).

[6] Dans son ouvrage *Deux types de foi. Foi juive et foi chrétienne* (Paris, Cerf, 1991), M. Buber a entrepris d'opposer la *pistis* de l'apôtre Paul à la *'emoûnâh* juive, en la présentant comme une adhésion intellectuelle à des vérités. En réponse, voir G. Ebeling, «Deux types de foi? Un dialogue avec Martin Buber», dans G. Ebeling, *Répondre de la foi. Réflexions et dialogues*, Genève, Labor et Fides, 2012, p. 225-235.

C'est sur cette lancée que la Réforme réinterprète la notion de foi, en dialogue notamment avec la conception scolastique. Cela s'illustre bien dans une série de thèses que Luther a consacrée précisément au thème *De fide*[7]. Il y discute de manière critique deux oppositions classiques de la tradition, celle entre la foi infuse et la foi acquise, et celle entre la foi informe et la foi formée. De manière claire, la tradition scolastique souligne que la foi est d'abord d'origine divine, la foi infuse par grâce. Mais dans le Moyen Âge tardif notamment, on va souligner que cette foi a besoin de la foi que l'être humain doit acquérir et qui consiste à croire en les faits et gestes de Dieu dans l'histoire du salut, tels qu'ils sont racontés dans la Bible et la tradition. Luther s'oppose à cette foi acquise, purement «historique», comme il l'appelle, pour privilégier massivement la foi infuse, mais en en modifiant aussi radicalement le sens. Dans la tradition scolastique, la foi est l'une des trois vertus théologales, à côté de l'amour et de l'espérance. La notion de vertu souligne que l'«infusion» gracieuse est d'abord une sorte d'approvisionnement de l'être humain en ressources, en aptitudes, qu'il est appelé à faire fructifier, réalisant *en acte* ce qu'il a reçu *en puissance*. Or, pour Luther, il s'agit de tout autre chose: à la *fides historica*, il oppose la vraie foi en tant que *fides apprehensiva*. Autrement dit: la foi saisit le Christ, entre en relation avec lui, reçoit ses biens et en vit, ce qui transforme l'être humain de fond en comble.

De ce fait, la seconde opposition scolastique devient également problématique. Pour la tradition, la vertu de la foi est une vertu intellectuelle, mais placée sous la détermination de la volonté, car c'est celle-ci qui pousse l'intellect à l'adhésion. C'est pourquoi, pour que la foi devienne parfaite, il faut que la volonté soit, elle aussi, orientée vers le bien. Cela se réalise par l'«infusion» de l'amour, et c'est donc lui qui donne à la foi sa forme, conformément à la traduction de Ga 5,6 dans la Vulgate: *fides caritate formata*. C'est cette «foi formée par l'amour» qui seule peut justifier. Partant de ce qu'il appelle la «foi appréhensive», Luther rejette cette «formation» de la foi par l'amour: «ainsi disons-nous, tout au contraire, que la foi saisit Christ, que c'est lui la forme qui orne et forme la foi. [...] C'est pourquoi la foi chrétienne n'est pas une qualité oisive ou une coquille vide dans le cœur, qui pourrait subsister dans l'état de péché mortel, jusqu'à ce que

[7] Voir WA 39,1; 44,1-48,30.

vienne la charité pour la vivifier.»[8] Par cette accentuation, Luther retrouve le sens premier de Ga 5,6: «la foi agissant par l'amour». Il peut l'exprimer de manière lapidaire en disant: «Ainsi c'est la foi qui reste l'acteur et l'amour qui reste l'acte.»[9]

Pour exprimer la relationnalité de la foi, Luther peut reprendre des notions mystiques, plus adéquates dans son jugement que les catégories scolastiques. Ainsi, dans les thèses *De fide*, il utilise la notion d'*amplexus* pour souligner qu'avec joie la foi embrasse le Christ. Dans le traité *De la liberté du chrétien*, il le fait à l'aide de la notion mystique du joyeux échange entre Christ, le noble époux, et l'âme, la pauvre épouse, «malheureuse petite putain»: par la foi, la justice de l'époux revient à l'épouse, tandis que l'époux prend sur lui le péché de l'épouse[10].

Dans ce même traité, Luther peut également exprimer la relation de confiance entre Dieu et l'être humain comme un rapport de *reconnaissance réciproque*, en s'inspirant des rapports interpersonnels de respect: «celui qui croit un autre le croit parce qu'il le considère comme un homme juste et véridique, ce qui est le plus grand honneur qu'un homme puisse faire à un autre». Il en va de même dans le rapport à Dieu: le tenir pour véridique, juste et droit est le plus grand honneur que l'âme puisse lui faire. Voyant cela, Dieu «l'honore en retour et la tient aussi pour juste et véridique. Et aussi bien l'est-elle, juste et véridique, par une pareille foi, car rendre à Dieu sa vérité et sa justice, cela est droit et vrai, et rend droit et véridique»[11].

Nous sommes ici au cœur même de la *justification par la foi seule sans les œuvres de la loi*, telle que Luther la soulignera sans cesse, notamment à partir de Rm 3,28, passage-clé de l'Écriture, dans lequel il n'hésitera pas à ajouter le «allein» dans sa traduction allemande, même s'il ne se trouve pas dans le grec[12].

De cet accent sur la relationnalité, il résulte toute une série de conséquences pour la compréhension de la foi.

[8] MLO 15, 142.

[9] WA 17,2; 98,25.

[10] Voir M. LUTHER, *De la liberté du chrétien*, p. 39-40.

[11] M. LUTHER, *De la liberté du chrétien*, p. 39 (trad. modifiée). Pour approfondir cet aspect de la reconnaissance, voir P. PAROZ, *La reconnaissance. Une quête infinie?*, Genève, Labor et Fides, 2011.

[12] Pour la justification herméneutique, voir MLO 6,191-201 (*Épître sur l'art de traduire et sur l'intercession des saints*).

Réceptivité et créativité

Il convient tout d'abord de signaler en elle l'étrange simultanéité de la *réceptivité* et de la *créativité*. Il est indubitable pour Luther que la foi est d'abord reçue, qu'elle est un don gracieux, «une œuvre divine en nous»[13], et non notre propre œuvre. Elle nous vient donc de l'extérieur, car c'est la parole de Dieu qui la suscite en nous. C'est pourquoi Luther et les autres Réformateurs retiendront volontiers de la traduction latine de Rm 10,17 la formule *fides ex auditu:* «la foi vient de ce que l'on entend». Il ne s'agit pas seulement d'une écoute intellectuelle, mais d'une sorte d'union intime, que Luther exprime à l'aide d'une métaphore inspirée de la forge: «Telle est la Parole, telle est aussi l'âme grâce à elle, de la même façon que le fer prend le rouge du feu en s'unissant à lui»[14].

C'est pourquoi, cette foi ne peut pas non plus être imposée à un autre, comme le souligne Luther lorsqu'il revient de la Wartburg à Wittenberg en 1522, pour y rétablir le calme: «je n'ai pas dans ma main les cœurs des hommes, comme le potier l'argile, pour en faire ce qu'il me plaît. [...] Je ne peux, avec la parole, aller plus loin que les oreilles; je ne peux pas arriver jusqu'au cœur. Or, comme on ne peut pas verser la foi dans le cœur, personne ne doit y être contraint et forcé. Car c'est Dieu seul qui fait cela, c'est lui qui rend la Parole vivante dans les cœurs des hommes»[15].

En même temps, Luther n'a de cesse de souligner que cette foi réceptive n'est pas oisive, ne se repose pas, mais est constamment à l'œuvre, sans cesse en train de bouger, en avant et en arrière: «une chose vivante et remuante»[16]. Cette activité incessante s'exerce sur l'être humain tout entier: «Elle fait un tout autre cœur, un autre homme, afin qu'il reçoive toute grâce de Dieu»[17].

On peut donc dire que ce que la foi opère en l'être humain, c'est, au sens paulinien, d'en faire un nouvel homme. Nous pourrions dire aussi: une nouvelle compréhension de soi, une nouvelle manière de

[13] M. Luther, *De la liberté du chrétien*, p. 93.
[14] M. Luther, *De la liberté du chrétien*, p. 37.
[15] MLO 9,75-76.
[16] WA 17,1; 445,13-14: *ein lebendig und unruhig ding*; voir aussi M. Luther, *De la liberté du chrétien*, p. 93: «Oh c'est une chose vivante, agissante, active et puissante que la foi».
[17] WA 8; 357,10-11.

concevoir la vie, dans ses tâches et défis multiples. C'est dans ce sens que Luther peut dire de manière lapidaire: «La foi fait la personne»[18]. Cette personne est constituée de manière nouvelle en ce que la foi l'extrait d'elle-même pour la faire se tourner vers Dieu, ou pour le dire autrement: lui fait découvrir qu'elle n'a pas son centre en elle-même, mais en dehors d'elle-même, en Dieu: «notre théologie est certaine: parce qu'elle nous place en dehors de nous-mêmes».[19] Cette excentricité, comme ouverture à Dieu, libère l'être humain d'un enfermement sur soi-même que Luther désigne comme le péché.

Liberté et servitude – foi et amour

Ce que nous avons dit jusqu'ici de la foi trouve sa synthèse dans le message de la liberté que Luther enverra au pape Léon X comme l'ultime tentative de le convaincre du bien-fondé de sa théologie. Mais ici aussi, ce que Luther prône est de nature paradoxale, comme l'expriment d'emblée les deux thèses du début du traité: «Un chrétien est un libre seigneur sur tout et n'est soumis à personne. Un chrétien est un esclave asservi et est soumis à tous»[20].

Par la foi, les chrétiens ont part à la royauté et à la prêtrise du Christ, ils sont rois et prêtres avec lui, rois à l'égard du monde et prêtres à l'égard de Dieu. Cette liberté royale et sacerdotale fonde aussi le sacerdoce universel des croyants: tous sont prêtres, parce qu'ils portent tous la responsabilité de leur foi, dont aucune instance ne peut les délier.

Mais cette liberté par la foi ne reçoit toute sa portée que si elle est liberté pour la servitude de l'amour. Ainsi, la dualité de la liberté et de la servitude caractérise la relation entre la foi et l'amour: la foi libère l'être humain pour l'amour.

Qu'en résulte-t-il pour l'accomplissement des œuvres? Au vu de ce qui précède, il ne peut s'agir de «former» la foi par les œuvres de l'amour, au sens de la *fides caritate formata*. Cela conduirait à utiliser les œuvres pour se rendre juste soi-même. Une telle manière de faire est désignée par Luther comme un «faux additif», «une clause

[18] WA 39,1; 282,16.
[19] WA 40,1; 589,8.
[20] M. Luther, *De la liberté du chrétien*, p. 29.

erronée» qui pervertit les œuvres, les détourne de leur véritable but: «Les œuvres, en effet, dès que s'y mêlent la clause erronée et l'idée insensée que par elles nous deviendrons justes et ferons notre salut, ne sont déjà plus bonnes, [...] car elles ne sont pas libres»[21]. Pour que les œuvres soient véritablement bonnes, la personne doit pouvoir les accomplir de manière désintéressée, comme un service libre et joyeux rendu au prochain et au monde, et c'est cette transformation libératrice de la personne que la foi effectue, permettant ainsi aux œuvres de devenir véritablement bonnes.

Certitude et pourtant fragilité de la foi

La foi est habitée par une autre polarité constitutive, celle entre la *certitude* et la *fragilité*. «La foi», dit Luther dans sa préface à l'épître aux Romains, «est une confiance vivante, hardie, en la grâce de Dieu, si pleine de certitude qu'elle mourrait mille fois pour elle»[22]. En même temps, Luther sait que selon He 11,1, cette foi concerne «des réalités que l'on ne voit pas». C'est pourquoi, dans toute son assurance, elle est aussi fragile. Luther peut l'exprimer en parlant de la foi comme d'une ténèbre: «La foi est donc, en quelque sorte connaissance, ou ténèbre, elle ne voit rien. Et, cependant, saisi par la foi, Christ se tient en ces ténèbres». Elle est donc une assurance, certes, mais «une assurance en quelque chose que nous ne voyons pas, c'est-à-dire en Christ qui, quelque profondes que soient les ténèbres qui le cachent à notre vue, n'en est pas moins présent»[23].

Les concepts que Luther utilise plus fréquemment pour dire ce caractère fragile de la foi, sont *tribulatio* en latin et *Anfechtung* en allemand: ils expriment tous deux que l'assurance de la foi n'est pas une sécurité, une garantie, au-delà de tout doute. La foi est constamment mise à l'épreuve, assaillie. Cela se traduit également dans son rapport complexe à l'expérience vécue (*experientia*, *Erfahrung*).

[21] M. Luther, *De la liberté du chrétien*, p. 59.
[22] M. Luther, *De la liberté du chrétien*, p. 95.
[23] MLO 15,142-143.

Foi et expérience

On oublie parfois qu'à côté des particules exclusives classiques, parfois trop rabâchées, il en est aussi une qui concerne l'expérience: «L'expérience seule [...] fait le théologien»[24]. Ce principe de méthode théologique trouve sa raison d'être dans le fait que la foi, en tant que confiance, s'incarne dans l'expérience vécue, s'inscrit dans la vie quotidienne, et cela sans faire abstraction des tensions qui peuvent en résulter. La foi est alimentée par l'expérience, et inversement. Mais l'expérience n'est pas toujours en pure conformité, en harmonie avec la foi, elle peut aussi s'opposer à elle de manière plus ou moins vive. Ici aussi, la foi peut devenir «ténèbre», confrontée à l'épreuve, comme le dit un passage du traité *Du serf arbitre*, une fois encore en référence à He 11,1: «la foi concerne les choses qu'on ne voit pas. Par conséquent, il n'y a de foi que si les choses auxquelles je crois sont cachées. Mais où seraient-elles mieux cachées que sous une apparence, un sentiment ou une expérience contraires? Si donc Dieu veut nous rendre vivants, il nous tue; s'il veut nous justifier, il le fait en nous rendant coupables; s'il veut nous ouvrir le ciel, il nous plonge dans l'enfer»[25].

Cette tension peut aussi se reporter sur la relation à Dieu, si bien que le croyant se retrouve parfois comme pris entre Dieu et Dieu, entre un Dieu de la colère, du jugement, et un Dieu de la grâce, de la promesse. Il devra résolument passer outre à l'un pour aller vers l'autre, aller contre Dieu à Dieu, comme Luther le dit en commentant la prière de Jonas dans le ventre du grand poisson: «La nature ne peut ni agir ni se comporter autrement que selon ce qu'elle sent. Quand elle sent la colère et le châtiment de Dieu, elle ne considère pas Dieu autrement que comme un tyran irrité; elle ne peut pas bondir par-dessus cette colère ou sauter par-dessus ce qu'elle sent et, à travers ces obstacles, se frayer contre Dieu un passage vers Dieu, et contre Dieu un appel à Dieu. Aussi, lorsque Jonas est arrivé à ce point où il a lancé un appel, il avait gagné.»[26]

[24] WA TR 1; 16,13 (section des propos de table): *Sola [...] experientia facit theologum*; voir aussi WA 25; 106,25-28. Sur ce sujet plus en détail, voir G. Ebeling, «La plainte au sujet du défaut d'expérience en théologie et la question de son objet», dans G. Ebeling, *Répondre de la foi*, p. 39-64.

[25] MLO 5,51.

[26] MLO 14,49 (trad. modifiée).

Foi et péché

Très tôt déjà, Luther a le souci d'éviter une moralisation du péché: celui-ci n'est pas simplement une carence s'actualisant dans l'accomplissement d'actes mauvais. On n'est pas pécheur en volant, en mentant ou en commettant un adultère. À la racine – et c'est cette racine qui intéresse les Réformateurs –, le péché est le repli de l'être humain sur soi, qui le conduit à se fermer au rapport de confiance avec Dieu. Dans ce sens, le péché est fondamentalement «l'incroyance du fond du cœur»[27], et donc, en tant que tel, l'opposé de la foi, conformément à Rm 14,23: «Tout ce qui ne procède pas de la foi est péché».

Lorsque le péché est ainsi pris à sa racine, il ne peut être dépassé, vaincu une fois pour toutes. Il s'inscrit comme une donnée durable dans la condition même de l'existence croyante, ce qui trouve son reflet dans la prière du père de l'enfant épileptique en Mc 9,24: «Je crois; viens au secours de mon incroyance».

Luther a exprimé cette tension par la formule «à la fois juste et pécheur». Non pas comme un état figé, mais comme un mouvement constant dans lequel se trouve le croyant et que Luther associe à la pénitence: «Car la pénitence est le mouvement de l'injuste au juste. Elle est ainsi "l'entre" qui est entre l'injustice et la justice. Et ainsi elle a son être dans le péché comme point de départ et dans la justice comme point d'arrivée. Si donc nous sommes toujours en pénitence, nous sommes toujours pécheurs, et pourtant, justement pour cette raison, toujours aussi justes et toujours en train d'être justifiés»[28].

Cette existence entre péché et justice est placée sous le signe de la promesse de l'amour de Dieu. Comme Luther le dit dans la *Controverse tenue à Heidelberg*, Dieu «aime les pécheurs, les misérables, les insensés, les faibles, de telle sorte qu'il les rend justes, bons, sages, forts». À la différence de l'amour humain, qui reçoit plus qu'il ne donne, cet amour de Dieu donne plus qu'il ne reçoit: «les pécheurs sont beaux parce qu'ils sont aimés, ils ne sont pas aimés parce qu'ils sont beaux»[29].

[27] M. Luther, *De la liberté du chrétien*, p. 91.
[28] Voir MLO 12,211; passage cité d'après G. Ebeling, *Luther*, p. 138.
[29] MLO 1,140.

En guise de conclusion

Dans une lettre de captivité du 21 juillet 1944, Bonhoeffer évoque une discussion qu'il avait eue avec un jeune pasteur français concernant la question «que voulons-nous vraiment faire de notre vie?» Son partenaire de dialogue aurait répondu: «J'aimerais devenir un saint», tandis que Bonhoeffer aurait répliqué: «J'aimerais apprendre à croire». Méditant sur la différence de ces deux réponses du point de vue de sa vie, Bonhoeffer ajoute: «c'est en vivant pleinement dans l'horizon terrestre de la vie qu'on parvient à croire. Quand on a renoncé complètement à faire quelque chose de soi-même – que ce soit un saint ou un pécheur converti, ou un homme d'Église (ce qu'on appelle une figure sacerdotale!), un juste ou un injuste, un malade ou un bien-portant, – et c'est ce que j'appelle l'horizon terrestre: vivre dans la multitude des tâches, des questions, des succès et des échecs, des expériences et des perplexités –, alors on se remet pleinement entre les mains de Dieu, [...] et je pense que c'est cela la foi»[30].

Pierre Bühler

[30] D. Bonhoeffer, *Résistance et soumission. Lettres et notes de captivité*, Genève, Labor et Fides, 2006, p. 438 (trad. modifiée).

«Réponse»

Sola fide. Position catholique

Des théologiens catholiques comme L. Bouyer (1913-2004), H. Bouillard (1908-1981), Hans Urs von Balthasar (1905-1988), J. Hoffmann (1934), W. Kasper (1933) et H. Küng[31] ont contribué à des rapprochements significatifs entre les positions protestantes et catholiques sur le *sola fide*. Et avec la foi seule viennent en concaténation le *soli Deo gloria, sola gratia, sola scriptura* pour former le cœur de la polémique historique entre les deux confessions. Le travail théologique du XXe siècle a permis de trouver un consensus sur le fait que la justification, qui vient de Dieu pardonnant les péchés, donne accès aux droits des enfants de Dieu et fait hériter de la vie éternelle. Dans sa thèse sur la justification publiée en 1965[32], H. Küng a montré que les deux traditions, celle du concile de Trente comme celle que représente K. Barth, pouvaient trouver un terrain de compréhension mutuelle. La *Déclaration Commune sur la Doctrine de la Justification* a poussé plus loin ce terrain d'entente[33].

On remarquera immédiatement que le lexique du *sola fide* ne date pas de Luther, mais il réclame après le réformateur une interprétation selon les méthodes du consensus différencié qui président aux débats œcuméniques contemporains.

Un début de consensus

L'Église catholique et la Fédération luthérienne mondiale se sont mises d'accord en 1999 dans un texte historique pour un vrai début de consensus sur *La Doctrine de la Justification, Déclaration commune*

[31] Cf. la thèse de H. Küng, *La justification du pécheur: doctrine de Karl Barth et réflexion catholique*, Paris, Desclée de Brouwer, 1965. Cette thèse a été réalisée sous la direction de Louis Bouyer (1913-2004) et soutenue à l'Institut catholique de Paris en 1956.

[32] H. Küng, *La justification du pécheur*.

[33] *Déclaration commune sur la Doctrine de la justification par la foi*, signée le 31 octobre 1999 à Augsbourg par la Fédération luthérienne mondiale et l'Église catholique, et en 2006 par le Conseil méthodiste mondial à Séoul.

de la Fédération luthérienne mondiale et de l'Église catholique (DCJ)[34]. À la question «est-on sauvé par ses œuvres ou par sa foi?», elles ont répondu: «Nous confessons ensemble que la personne humaine est, pour son salut, entièrement dépendante de la grâce salvatrice de Dieu» (n° 19).

Le n° 15 de la déclaration sur la justification manifeste le rôle de la foi en Christ qui est notre justice. Il précise que «c'est seulement par la grâce, par le moyen de la foi en l'action salvifique du Christ, et non sur la base de notre mérite que nous sommes acceptés par Dieu, et que nous recevons l'Esprit saint qui renouvelle nos cœurs, nous habilite et nous appelle à accomplir des œuvres bonnes». Cet accord ne supprime pas des manières différentes de commenter la proposition.

Du côté catholique, on parle de coopération en vue de la justification et de son acceptation, étant bien entendu que cette coopération est déjà l'œuvre de la grâce et non une résultante des mérites. Du côté luthérien, on refuse ce terme de coopération pour mieux dire que l'homme pécheur s'oppose de manière active à l'action salvifique de Dieu. Le n° 23 souligne ainsi que «la justification demeure libre de toute coopération humaine et ne dépend pas non plus des conséquences régénératrices de la grâce en la personne humaine». Si les luthériens maintiennent que le péché habite en l'homme, les catholiques posent la question de savoir si la grâce a déjà changé quelque chose. La réponse luthérienne est que le péché n'est plus dominant car le Christ règne désormais sur son cœur et le justifié est dès lors lié au Christ par la foi.

La *DCJ* traite évidemment du péché notamment aux n° 20, 28, 29 et 30. Elle précise au n° 22. « Par la grâce, Dieu pardonne son péché à la personne humaine et […] simultanément, en sa vie, il la libère du pouvoir asservissant du péché en lui offrant la vie nouvelle en Christ». Quoi qu'il en soit du consensus sur ce sujet, des divergences demeurent dans «le langage, les formes théologiques, et les accentuations particulières» (cf. *DCJ,* n° 40). Le catholique soutient qu'une tendance venant du péché pousse à la concupiscence et subsiste dans le baptisé. Elle ne mérite pourtant pas la punition de mort éternelle et ne sépare pas le justifié de Dieu. Néanmoins si le justifié se sépare volontairement de Dieu, il recourt au sacrement de la réconciliation (n° 30). On va

[34] Cette déclaration a été publiée aux Éditions du Cerf, Paris, 1999.

donc ici jusqu'à la sacramentalité de la pénitence pour faire droit à la réalité de l'emprise que le péché peut garder sur le justifié.

Cette méthode d'interprétation qui court tout le long de la *Déclaration* permet de reconnaître que, bien que en des termes différents, les deux traditions expriment un accord sur ce qui est fondamentalement visé, sans relativisme ni escamotage des points difficiles. Pour le prouver, notons qu'en juin 1998, dans la réponse de l'Église catholique à la version préparatoire de la *DCJ*, le cardinal Cassidy commentait la position catholique en ces termes: «On voit mal comment les explications données au n° 29 de la *DCJ*, à propos de la compréhension luthérienne de la personne justifiée comme pécheresse, pourrait être pleinement compatible avec la doctrine catholique indiquée au n° 30»[35]. L'«être pécheur du justifié» est donc le problème. La position luthérienne le caractérise par la formule du *simul peccator et justus,* retranscrite dans la *DCJ* en «entièrement juste et totalement pécheur» (cf. *DCJ*, n° 29), alors que les catholiques affirment que seule subsiste une «concupiscence qui est tendance venant du péché et poussant au péché», mais qui ne peut pas être vraiment appelée péché (cf. *DCJ*, n° 30). Otto Hermann Pesch a montré que ces différends ne peuvent s'interpréter qu'en les situant dans le contexte de leur élaboration historique et dans la *Denkform* (forme de pensée) de chaque tradition selon l'épaisseur de son historicité[36].

Le retour à l'Écriture

Ce début de consensus repose sur l'interprétation de l'Écriture, en particulier de Rm 3,28 lorsque Luther traduit en 1522 «que l'homme est justifié… *seulement* par la foi», ce que la *Traduction Œcuménique de la Bible* traduit par «l'homme justifié par la foi indépendamment des œuvres de la loi». La *DCJ* au n° 8 invite alors à nous mettre ensemble à l'écoute de la Parole de Dieu dans l'Écriture sainte pour conduire à des appréciations nouvelles.

Notons d'abord que l'invention du «seulement» par Luther n'est pas nouvelle. Ce terme est présent dès avant la Réforme (Bible allemande

[35] «Présentation de la position catholique sur la justification par le Cardinal Cassidy» le 25 juin 1998, dans *Documentation catholique,* 2187, 2-16 août 1998, p. 717.

[36] O. H. Pesch, *Die Theologie der Rechtfertigung bei Martin Luther und Thomas von Aquin*, M. Grünewald, Mainz, 1989 (1re édition 1967).

de Nuremberg, 1483). Mais plus encore la formule appartient à la tradition catholique avec le commentaire de S. Thomas sur 1 Tm 1,8[37]: «Toutefois l'Apôtre semble parler des préceptes moraux, puisqu'il ajoute que la loi a été donnée à cause du péché. Or, tel est l'objet des préceptes moraux, dont l'usage légitime exige qu'on ne leur attribue pas plus qu'ils ne renferment. La loi a été donnée pour faire connaître le péché. Rm VII,7: "Je n'aurais pas connu la concupiscence, si la loi n'avait dit: Vous n'aurez pas de mauvais désirs, etc.", ce qui est une loi du Décalogue. L'espérance de la justification n'est donc pas dans ces préceptes, mais dans la foi seule. Rm III,28: "Nous devons reconnaître que l'homme est justifié par la foi, sans les œuvres de la loi".» Ce qui compte n'est pas la lettre ici mais l'interprétation de la formule. Pour S. Thomas toutes les œuvres sont donc bien exclues pour que l'homme n'incline pas à se justifier par lui-même.

Le concile de Trente lui-même explique qu'il n'y a pas d'ajout possible à l'action salvifique de Dieu sous peine de retomber dans la situation d'où la grâce nous avait tirés: «Nous sommes dits être justifiés gratuitement parce que rien de ce qui précède la justification, que ce soit la foi, que ce soit les œuvres, ne mérite même pas la grâce de la justification»[38]. L'homme se soumet à la justification qui lui vient de Dieu comme l'exprime encore S. Thomas dans son commentaire de Rm 4,5: «Par cela même qu'il croit en un Dieu qui justifie, il se soumet à sa justification et ainsi en reçoit l'effet»[39].

En fait, la foi est la foi-confiance à l'instar de celle d'Abraham selon l'interprétation paulinienne (Rm 4). Non pas une confiance quiétiste ou paresseuse mais une espérance en acte comme l'a décrite le concile de Trente dans le chapitre VI sur la justification: «Les hommes sont disposés à la justice elle-même lorsque, poussés et aidés par la grâce divine, concevant en eux la foi qu'ils entendent prêcher

[37] Sed apostolus videtur loqui de moralibus, quia subdit quod lex posita est propter peccata, et haec sunt praecepta moralia. Horum legitimus usus est, ut homo non attribuat eis plus quam quod in eis continetur. Data est lex ut cognoscatur peccatum. Rom. VII, 7: quia nisi lex diceret: non concupisces, concupiscentiam nesciebam, etc.; quod dicitur in Decalogo. Non est ergo in eis spes iustificationis, *sed in sola fide*. Rom. III, 28: arbitramur iustificari hominem *per fidem sine operibus legis*.

[38] Gratis autem iustificari ideo dicamur, quia nihil eorum, quae iustificationem praecederunt, sive fides, sive opera, ipsam iustificationis gratiam promeretur. (DENZINGER, 1532.)

[39] Ex eo enim, quod credit Deum iustificantem, iustificationi eius subicit se, et sic recipit eius effectum.

Rm 10,17, ils vont librement vers Dieu, croyant qu'est vrai tout ce qui a été divinement révélé et promis et, avant tout que Dieu justifie l'impie "par sa grâce, au moyen de la Rédemption qui est dans le Christ Jésus" *Rm 3,24;* lorsque, aussi, comprenant qu'ils sont pécheurs et passant de la crainte de la justice divine, qui les frappe fort utilement, à la considération de la miséricorde de Dieu, ils s'élèvent à l'espérance, confiants que Dieu, à cause du Christ, leur sera favorable, commencent à l'aimer comme source de toute justice, et, pour cette raison, se dressent contre les péchés, animés par une sorte de haine et de détestation, c'est-à-dire par cette pénitence que l'on doit faire avant le baptême *Ac 2,38*; lorsque, enfin, ils se proposent de recevoir le baptême, de commencer une vie nouvelle et d'observer les commandements divins»[40].

Il s'agit bien dans cette foi confiance de consentir à une personne et non à des idées. Cette foi qui justifie n'exclut pas le repentir mais l'entraîne. Ce qui ne signifie pas que des œuvres s'ajoutent à la foi. Mais la foi est opérante dans les œuvres (Ga 5,6) comme le dit encore Paul: «Quand j'aurais le don de prophétie et que je connaîtrais tous les mystères et toute la science, quand j'aurais la plénitude de la foi, une foi à transporter des montagnes, si je n'ai pas la charité, je ne suis rien.» (1 Co 13,3-4)

Coopération comme participation

La méthode de la *DCJ* consiste à exposer à sept reprises les formulations sur la justification propres aux catholiques puis celles propres aux protestants. La clé du dialogue est ainsi posée: «Telle est l'intention de la présente Déclaration commune. Elle veut montrer que désormais, sur la base de ce dialogue, les Églises luthériennes signataires et l'Église catholique romaine sont en mesure d'énoncer une compréhension commune de notre justification par la grâce de Dieu au moyen de la foi en Christ. Cette déclaration ne contient pas tout ce qui est enseigné dans chacune des Églises à propos de la justification; elle exprime cependant un consensus sur des vérités fondamentales de la doctrine de la justification et montre que des développements

40 Denzinger, 1526.

qui demeurent différents ne sont plus susceptibles de provoquer des condamnations doctrinales» (n° 5).

L'accord porte sur la justification objective du pécheur comprise comme le jugement porté par Dieu dans la Pâque de son Fils et qui n'exige pas d'ajout extérieur de la part de l'homme. Néanmoins la partie catholique maintient le lexique de la coopération comme œuvre de la grâce. C'est l'assentiment de la foi que vise la tradition tridentine du *cooperari*, l'amen de la foi. Le Dieu qui justifie éveille une liberté nouvelle dans l'homme pécheur, un oui cordial et responsable. Bref, la justification réclame la conversion (2 Co 5,20): «Laissez-vous réconcilier avec Dieu». Cela ne signifie aucunement, selon la tradition du concile de Trente, que la justification vienne en partie de Dieu et en partie de l'homme (1 Co 4,7: «Qu'as-tu que tu n'aies reçu?»). Recevoir est en effet un invariant de la grammaire élémentaire de la confiance des humains, comme le montre Fleinert Jenssen[41].

Dans l'ordre de la révélation, cet accueil de la grâce s'épanouit en charité. Cela ne signifie pas que la justification égale la sanctification mais qu'elle n'est pas un mot vide. Le concile de Trente n'avait pas fait ces distinctions si importantes pour Calvin. Disons donc que la sanctification est consécutive à la justification. Le lexique paulinien de sanctification est d'ailleurs d'ordre subjectif et éthique plus qu'ontique (1 Th 4,33; Rm 6,19.22; He 12,14).

La participation de l'homme par assentiment de la foi vient elle-même de Dieu (2 Co 3,5). Ainsi l'atteste déjà, bien avant la Réforme, S. Bernard de Clairvaux dans le *De Gratia et libero arbitrio*: «Ce n'est pas en partie la grâce, en partie le libre arbitre, mais l'une et l'autre qui accomplissent tout par une seule œuvre indivisible: certes il [accomplit] tout, et elle [accomplit] tout, mais de même qu'[elle accomplit] tout en lui, de même [il accomplit] tout à partir d'elle»[42]. On le voit: il est impossible au Moyen-Âge de dissocier la justification de la foi, sans les confondre pour autant. Dans l'obéissance, l'homme participe à la justification tout en recevant la justice comme étrangère à ses œuvres.

41 F. Fleinert-Jensen, *Entre l'effort et la grâce. Essai sur la justification de l'homme*, Paris, Cerf, 2005. « Qu'as-tu que tu n'aies reçu?», est le 3e chapitre de la 2e partie.

42 «Non partim gratia, partim liberum arbitrium, sed totum singula opere individuo peragunt: totum quidem hoc, et totum illa, sed ut totum in illo, sic totum ex illa» (I, 2 et XIV, 46-47).

Néanmoins cette justification s'épanouit en charité. K. Barth l'explique ainsi dans sa *Dogmatique*[43]: «Là où il y a la foi, il y a aussi la charité, il y a aussi les œuvres (...). C'est justement dans ses œuvres, qu'il donnera la preuve et le témoignage qu'il vit dans la justice de sa foi à l'exclusion de toutes les œuvres» (IV/I, 701). Le théologien parle souvent de la charité, en particulier de l'amour de l'homme comme coopération et décisions (IV/2, 936-953). Il n'est donc pas impossible de parler de mérite dans le sens biblique de récompense, comme le note le même K. Barth (IV/2, 663 et III/2, 163), en refusant la notion de mérite mal comprise, c'est-à-dire de manière pharisienne. La scolastique avait hérité d'Augustin le lexique de mérite, et la Contre-Réforme a fini par en durcir le sens en l'éloignant de la signification biblique de la récompense.

Foi et nouvelle justice

Le *sola fide* s'éclaire finalement dans le mystère pascal: «Le Christ a été livré pour nos fautes et ressuscité pour notre justification», écrit Paul (Rm 4,25). La croix du Seigneur est ainsi le signe de contradiction. Livré pour les pécheurs et leur pardon, il apparaît pourtant comme le pécheur condamné pour blasphème. Ses bonnes actions ne parlent pas pour lui et la foule le moque (Mt 27,42), tandis que le pouvoir le tue. Les bonnes actions de Jésus comme les nôtres ne semblent pas recevoir l'amour de Dieu en récompense: «pourquoi m'as-tu abandonné?» (Mt 27,46). Qui peut déclarer que Jésus est juste dans cette mort ignominieuse? La foi chrétienne endure donc la croix comme signe de contradiction. Dieu y apparaît sous son contraire (*sub contrario*).

D'un premier point de vue, la croix exprime que les idéaux de Jésus échouent. Aimer comme lui conduit à la mort de la croix. Comment ne pas protester devant ce sort injuste? Prêcher la croix peut endurcir l'auditeur, avec le risque de l'exposer au cynisme, au scepticisme. Les récits de la Passion soulignent ainsi l'hostilité des gens, la solitude de Jésus. La croix n'annonce pas dans un premier temps une bonne nouvelle, mais une impasse.

43 La *Kirchliche Dogmatik* de Karl Barth est citée ici selon l'édition de 1932-1967.

En Lc 4,9, à la tentation de sacrifier sa vie pour forcer le destin («jette-toi du haut du temple»), Jésus oppose par sa vie et sa passion le fait de s'abandonner jusqu'au bout à la volonté du Père. Il y a une épaisse différence entre programmer sa vie en vue d'accomplir une performance et endurer la fidélité à un appel dans l'obéissance de la foi.

C'est pourquoi la croix apparaît comme nouvelle justice de Dieu. Ce que Jésus y révèle, c'est que Dieu a ouvert les bras à celui qui lui est fidèle. La Résurrection n'est pas une distribution de prix ou une rétribution des mérites de Jésus. Mais elle est une réponse dans la foi. Dès lors l'Évangile ne peut être accueilli que selon ce mouvement de la passion de Jésus, c'est-à-dire à la manière dont le Fils qui prêchait la parole a été compté au nombre des pécheurs (2 Co 5,21). Il ne faut pas comprendre que l'Évangile serait un évangile de la condescendance de Dieu vis-à-vis des pécheurs; c'est un Évangile qui invite à découvrir ce qu'il en est de la paternité divine: aimer le Fils et en Lui toute la création.

L'homme se trouve alors libéré de l'observation scrupuleuse de la loi, qui n'est jamais atteignable. En termes pauliniens, celui qui prend sa croix se retrouve libéré d'avoir à vérifier le respect scrupuleux de chaque commandement. Dieu l'invite à une relation dépourvue de calcul. Une relation purement gracieuse s'instaure.

Dans la Résurrection de Jésus, Dieu fait beaucoup plus que de gracier le pécheur: il crée la personne, il lui donne une nouveauté d'existence. C'est ce qui se passe pour le centurion et pour le bon larron. Ils sont certes pardonnés, ils sont surtout recréés dans leur humanité, au point que leur humanité voit ce que les autres ne voient pas. C'est la découverte de l'apôtre Paul: les bonnes œuvres dont nous sommes tous capables sont profondément ambiguës car elles peuvent cacher le désir éperdu d'acquérir de la valeur pour se justifier soi-même. Cela ne peut qu'être un échec et c'est ce qu'ont découvert le bon larron et le centurion. Le «gracié» entend un appel à la sainteté comme ajustement à la bienveillance de Dieu. Il s'agit donc de passer de la position du pécheur à la position du gracié; et c'est une véritable conversion. Au fond, la Résurrection n'est que cela: l'événement d'une parole qui attend tout homme, la parole qui dit vrai au cœur d'une existence humaine et règne souverainement dans la vie qui l'accueille.

Pour conclure, laissons la parole à la sainteté du justifié dans l'acte d'offrande que fait Ste Thérèse de l'Enfant-Jésus au carmel de Lisieux:

«Au soir de cette vie, je paraîtrai devant vous les mains vides, car je ne vous demande pas, Seigneur, de compter mes œuvres. Toutes nos justices ont des taches à vos yeux. Je veux donc me revêtir de votre propre Justice et recevoir de votre Amour la possession éternelle de Vous-même (…)»[44].

Jean-Louis SOULETIE

[44] THÉRÈSE DE LISIEUX, *Œuvres complètes*, Paris, Cerf, 1992 p. 962-964.

Solus Christus[1]

«Or puisque nous voyons que toute la somme et toutes les parties de notre salut sont comprises en Jésus-Christ, il nous faut garder d'en transférer ailleurs la moindre portion qu'on saurait dire.»[2] Dans cette citation, Jean Calvin affirme la conviction qu'avaient les réformateurs de l'importance du «solus Christus» quant au salut. Son affirmation est d'autant plus pertinente, me semble-t-il, qu'en Christ, et en lui seul, la vérité qui agit dans l'amour rejoint les créatures humaines une fois pour toutes[3]. Car en Jésus Christ, Dieu, en qui la vérité n'est pas simplement renfermée mais présente essentiellement, s'est donné à connaître lui-même à la face du monde; dans le Christ, Dieu, la Vérité elle-même, est présent pour le salut de ses créatures. C'est cette thèse que nous entendons déployer, et le sens de l'insistance des réformateurs sur le «solus Christus» en sera clarifié. Ce défi porte en particulier sur deux points. D'une part, la question se pose de l'origine de l'idée selon laquelle en Jésus-Christ, précisément, la vérité de Dieu s'est rendue présente. À quoi peut-on reconnaître la vérité de cette vérité proclamée? D'autre part, il faut se demander dans quelle mesure l'affirmation d'un salut par le Christ seul, qui semble revendiquer une certaine exclusivité, est compatible avec l'amour universel du Créateur. La transmission de la vérité de Dieu n'était-elle pas possible par d'autres voies?

[1] La traduction est de Fabien Faul (Université de Lorraine, Metz) que la *Revue théologique de Louvain* remercie vivement pour sa précieuse collaboration.

[2] J. Calvin, *Unterricht in der christlichen Religion/Institutio Christianae Religionis*, nach der letzten Ausgabe von 1559 übers. und bearb. von Otto Weber, im Auftrag des Reformierten Bundes bearb. und neu hg. v. Matthias Freudenberg, Neukirchen-Vluyn 2008 (Abréviation: *Institutio*), Livre II, Chapitre 16, Section 19, 281. Traduction française: J. Calvin, *Œuvres* (Publication de la Société Calviniste de France), *Institution de la religion chrétienne*, Livre second, Chapitre XVI, Genève, Labor et Fides, 1955, p. 281.

[3] Dieu lui-même s'est révélé directement aux créatures *humaines* dans le Christ. Ceci n'exclut en aucune façon mais, au contraire, inclut que la Révélation s'est produite pour le bien de toutes les autres créatures et de la création elle-même; voir A. Käfer, «Zum Wohl des Tieres. Überlegungen zur Würde der Geschöpfe im Anschluss an Eilert Herms», dans. E. Gräb-Schmidt, M. Heesch, Fr. Lohmann, D. Schlenke, Chr. Seibert (éds), *Leibhaftes Personsein. Theologische und interdisziplinäre Perspektiven.* FS für Eilert Herms zum 75. Geburtstag (Marburger Theologische Studien, 123), Leipzig, Evangelische Verlagsanstalt, 2015, p. 337–352.

1. Dieu lui-même est la Vérité absolue et simple, la vérité qui fonde tout être et dans laquelle la vérité de tout être peut être reconnue véritablement[4]. Dieu lui-même est la Vérité absolue et simple, puisque dans son éternité, il est en même temps l'objet de sa reconnaissance et le sujet reconnaissant, celui qui peut se reconnaître lui-même parfaitement et qui se reconnaît. Il faut admettre que Dieu est capable de se reconnaître lui-même comme le fondement de tout être car sans cela, il ne pourrait pas savoir s'il est véritablement celui qu'il désire être et celui en vertu de qui il agit. Si l'on exclut que Dieu existe par une réalité autre que lui-même et si l'on présuppose qu'en raison de l'unicité de son être il ne se trouve pas en désaccord avec lui-même, on peut en déduire qu'il se veut lui-même dans une condition telle qu'elle lui confère la reconnaissance de soi-même et un désir de soi-même. De ce fait, on peut admettre que la reconnaissance, le désir et le savoir de Dieu dans son éternité sont aussi peu soumis au changement que l'unicité de son être. Dans le cas contraire, il faudrait admettre que l'Éternel non seulement se trompe de temps en temps en lui-même mais aussi qu'il désire toujours à nouveau être autre. Mais Dieu est, dans l'éternité, l'Unique et même, tel qu'il se reconnaît et se désire lui-même.

Dans la mesure où tout ce qui est se rapporte à l'Éternel et à l'Unique qui se connaît et se désire lui-même, on peut admettre qu'il s'affirme lui-même comme fondement et Créateur de tout être[5]. Dans

[4] Sur l'idée que Dieu est la vérité, voir par exemple M. LUTHER, *Von weltlicher Oberkeit, wie weit man ihr Gehorsam schuldig sei*, WA 11, (229–281) 262, p. 28–30, Traduction française: M. LUTHER, *De l'autorité temporelle et des limites de l'obéissance qu'on lui doit* (1523), trad. F. Franck D.C. Gueutal, dans *Œuvres.* Tome IV, Genève, Labor et Fides, 1958, p. 9-50 (citation p. 32). Luther affirme: «[Car] celui qui tient pour juste ce qui est injuste ou incertain renie la vérité qui est Dieu lui-même et il croit au mensonge et à l'erreur: il tient pour juste ce qui est injuste».

[5] Sur ce point, voir F. SCHLEIERMACHER, *Der christliche Glaube nach den Grundsätzen der evangelischen Kirche im Zusammenhange dargestellt*, 2e éd (1830/31), R. SCHÄFER (éd.), Berlin-NewYork, de Gruyter, 2008, § 54,4, p. 332: «Nach Schleiermacher können wir [...] Gottes Wollen seiner selbst und Gottes Wollen der Welt [nicht] von einander getrennt denken. Denn will er sich selbst, so will er sich auch als Schöpfer und Erhalter, so daß in dem Sich selbst wollen schon das Wollen der Welt eingeschlossen ist» (D'après Schleiermacher, on ne peut dire avec pertinence le «désir de soi-même» de Dieu que dans la perspective de la relativité des créatures par rapport à Dieu en tant qu'il est leur Créateur. C'est alors qu'il est adéquat d'admettre que Dieu se désire lui-même comme créateur. D'après Schleiermacher «nous ne pouvons penser le désir de Dieu à son propre égard et le désir de Dieu à l'égard du monde séparément l'un de l'autre. Car s'il se désire lui-même, il se désire aussi comme créateur et comme celui qui maintient la création, si bien que dans son désir de soi-même est déjà présent le désir du monde.»)

la mesure où il est le seul et unique fondement éternel du créé, on ne peut envisager d'autre puissance en dehors de lui qui ne relève pas de sa puissance créatrice et qui par conséquent serait par principe libre d'interférer dans sa volonté, son savoir et son agir. En revanche, la foi chrétienne reconnaît que tout ce qui est dépend tout simplement de la toute-puissance éternelle de Dieu. La confession de foi chrétienne en Dieu le tout-puissant se fonde sur cette conscience d'une dépendance totale à l'égard de l'Éternel et Unique[6].

Dans sa toute-puissance éternelle et dans toutes ses actions, Dieu, que rien ne précède si ce n'est lui-même, n'exprime rien d'autre que son être propre conforme à sa volonté. Et encore, rien de ce qui est créé ne peut venir à la réalité, qui ne relève de lui. L'activité créatrice de Dieu est donc déterminée par sa toute-puissance et fondée dans son Être. C'est pourquoi l'on peut dire de tout le créé qu'il existe par Dieu, fondamentalement et originellement, en cohérence avec sa détermination respective, et donc qu'il existe en vérité. Il est clair toutefois que cette détermination n'est pas toujours reconnue et que, pour cette raison, l'être créé n'existe pas toujours dans le temps, en cohérence avec la disposition qui le fonde comme être créé.

2. Pour que ce qui détermine l'être créé puisse être reconnu et qu'une vie en vérité devienne possible (en cohérence avec le Créateur), Dieu s'est fait homme en Christ. En Christ, Dieu se rend proche des humains d'une manière aussi humaine que possible, et il leur révèle son Être. Cet Être est manifesté dans l'événement-Christ d'une manière telle qu'il peut s'adresser à chaque être humain et le rencontrer d'une manière salvifique. Par l'événement-Christ, par son incarnation, sa mort et sa résurrection, Dieu manifeste à sa création l'amour qui est son essence. L'événement-Christ permet de reconnaître l'amour sans limites de Dieu, qui constitue le contenu de son éternelle vérité[7].

[6] Sur la compréhension de la toute-puissance de Dieu dans la tradition protestante, voir A. Käfer, «Gottes Allmacht und die Frage nach dem Wunder. Ein Beitrag zum Vergleich der Positionen Friedrich Schleiermachers und Karl Barths», dans M. Gockel, M. Leiner (éds), *Karl Barth und Friedrich Schleiermacher. Zur Neubestimmung ihres Verhältnisses*, Göttingen, Vandenhoeck & Ruprecht, 2015, p. 89–112.

[7] Voir M. Luther, *Ein Sermon von der Betrachtung des heiligen Leidens Christi*, WA 2, 131–142, v.a. 140, p. 30–141, p. 7 ou bien, Id., *Der große Katechismus, Auslegung des dritten Artikels*, dans *Bekenntnisschriften der Evangelisch-Lutherischen Kirche*, vollständige Neuedition, hg. v. I. Dingel, Göttingen, Vandenhoeck & Ruprecht, 2014 (Abréviation, BSELK), 912–1162. 1068, p. 9–13. Traduction française: M. Luther,

Que le Dieu fait homme soit par excellence amour et vérité, l'Écriture sainte en témoigne explicitement[8]. Ce faisant, elle renvoie vers le Logos incarné comme la seule et unique Parole de Dieu, dans laquelle seul le salut est véritablement donné à la création. Car c'est seulement et uniquement dans l'événement-Christ, sa naissance, sa mort et sa résurrection que la vérité peut être reconnue, et précisément dans l'expérience de l'amour qui fonde et accomplit cet événement.

Il ne s'agit pas d'une naissance quelconque, ni d'une mort quelconque que le Christ endure. Il s'agit bien plutôt de la naissance et de la mort de Dieu en faveur de l'humanité pécheresse. Afin qu'elle soit sauvée du péché et de la souffrance, Dieu naît en Christ, et celui qui s'est fait homme meurt sur la croix et il est réveillé de la mort. Dans ces événements de souffrance de Dieu, s'exprime un amour inimitable et indépassable.

L'amour se comprend ici comme une façon d'être relié à un vis-à-vis, en faveur duquel celui qui aime désire le meilleur, mais dont il ne prétend en rien recevoir un don en retour[9]. Le meilleur, pour les créatures de Dieu, est la reconnaissance de la vérité qui leur permet de vivre en cohérence avec leur propre détermination et donc en cohérence avec leur Créateur, et plus encore, en accord avec sa volonté d'amour, et par là sa volonté d'établir une communauté d'amour avec lui. Cette reconnaissance de la vérité est rendue accessible par la reconnaissance de l'amour de Dieu. Dieu qui, dans sa création, se donne à ses créatures, libre de toute prétention à un don en retour[10], se donne aussi dans la plus grande faiblesse de l'être humain; il va

Le Catéchisme en notre langue (Le Grand Catéchisme), 1529, trad. P. JUNDT, dans M. LUTHER, *Œuvres*, t. VII, Genève, Labor et Fides, 1962, 21-153, p. 99. Luther affirme que Dieu le Créateur «nous a donné également son Fils et le Saint-Esprit par lesquels il veut nous unir à lui. Car [...] nous ne parviendrions jamais à connaître la clémence et la grâce du Père si ce n'est par le Seigneur Christ qui est un miroir du cœur paternel».

[8] Voir Jn 14,6 et 1 Jn 4, 16.

[9] À l'idée que Dieu ne réclame en rien une contrepartie pour son amour et que, bien plus, il propose son amour à ceux qui ne l'ont absolument pas mérité, Luther affirme que «Amor Dei non invenit sed creat suum diligibile, Amor hominis fit a suo diligibili.» (M. LUTHER, *Disputatio Heidelbergae habita*, These 28, in: WA 1 [350–374] p. 354); «L'amour de Dieu ne trouve pas préalablement, mais crée son objet; l'amour de l'homme est créé par son objet», M. LUTHER, *Œuvres*, t. I, 1957, trad. fr. P. Jundt, *Controverse tenue à Heidelberg*, 1518, 121-140, p. 126).

[10] Dieu n'agit pas seulement par amour pour ses créatures, et donc sans prétention à une contrepartie. Bien plus, il se tourne vers ses créatures dans la conscience de leur incapacité fondamentale à un quelconque don en retour.

aussi bien vers sa faiblesse physique qu'à la plus haute détresse de l'âme[11]. Il pénètre la plus grande détresse dans la mesure où il prend sur lui le péché du monde. Depuis son éloignement total et apparemment insurmontable, il s'engage pour montrer qu'il est également proche de ceux qui ne savent ni ne sentent rien de son amour, que cet amour leur est destiné aussi alors qu'ils ne connaissent pas le fondement ni le sens de leur existence.

L'amour inimitable et indépassable de Dieu s'exprime dans l'événement-Christ car en Christ, Dieu et l'humain sont unis d'une manière inégalable. Cette relation d'amour indéfectible et indivisible de Dieu et de l'humanité figure la communauté vers laquelle le Créateur veut conduire et guider toutes les créatures par l'événement-Christ. Ce faisant, le Christ est la manifestation de la volonté d'amour universel de Dieu dans laquelle le Créateur se déclare au monde entier comme étant lui-même l'Aimant éternel. Que l'amour du Tout-Puissant ne puisse être entravé par aucun obstacle et que même, il surpasse tout obstacle à l'amour, cela est donné à comprendre par la résurrection du Crucifié qui laisse derrière elle la mort de l'éloignement de Dieu.

Le Christ a souffert de l'éloignement de Dieu vis-à-vis du monde et est mort du péché de celui-ci. Mais c'était le Dieu incarné lui-même qui est mort de la mort de la croix. Dans son amour, celui qui s'est incarné supporte la plus grande erreur des créatures, qui se trouve être l'absence de reconnaissance de Dieu et se traduit dans le désespoir et dans des actes haineux. Les créatures marquées par le péché ne vivent pas dans la conscience de leur totale dépendance à l'égard de la vérité, qui vient à leur rencontre comme un amour, et de ce fait, ils agissent sans responsabilité devant Dieu et sans responsabilité devant ses créatures.

La rédemption de la plus grande des erreurs permet l'abrogation de celle-ci dans la vérité éternelle qui est accomplie dans la résurrection du Christ. La résurrection du Christ montre que cette erreur est destinée à être surmontée au nom de l'amour éternel. Même l'erreur mortifère

[11] Les textes bibliques figurent la faiblesse physique en décrivant l'enfant dans la crèche comme démesurément misérable et la crucifixion de Jésus comme particulièrement humiliante. Les textes expriment la plus haute détresse spirituelle en montrant Jésus qui prie à Gethsémani pour que cesse sa souffrance, et sur la croix où il clame le cri de l'abandon par Dieu. Paul parachève la compréhension de la détresse spirituelle en affirmant du Christ non seulement qu'il a porté le péché du monde, mais qu'il est devenu péché lui-même (2 Co 5,21).

ne subsiste pas indépendamment de l'amour tout-puissant de Dieu. L'amour de Dieu enserre l'erreur des humains, que Dieu dévoile lorsqu'à un temps précis, à un endroit précis, il met devant leurs yeux dans le Christ en croix les conséquences terribles de l'erreur. Là, Dieu s'engage carrément dans ce qui constitue le contraire de sa volonté pour finalement montrer que même cela n'échappe pas à son amour tout-puissant, mais que c'est accompli en vérité dans son amour.

L'amour éternellement fidèle, auquel le salut du péché est dû, n'exige pas de contrepartie ni ne s'épuise avec et par le temps. C'est ici que l'amour du Dieu incarné se distingue d'une manière inégalable de tout amour humain.

3. La finalité de la rédemption est une vie en communauté d'amour avec Dieu. Une telle vie est une vie dans le sens que lui confère originairement l'Éternel. Il s'agit d'une vie qui se déroule en cohérence avec la détermination que l'amour éternel confère à tout être, détermination qui trouve son accomplissement dans l'éternelle communauté divine. Dans la mesure où l'œuvre de Dieu se produit en cohérence avec son être, on peut admettre que le sens de l'être est vivre dans l'amour. Une vie vécue dans la conscience d'être aimé de Dieu, et en retour, dans un amour de Dieu, comme dans un amour de soi-même et de chacune de ses créatures – dont l'être-créature est dû à l'amour même de Dieu – est, selon la conviction chrétienne, le meilleur de ce qui puisse arriver dans une vie. Une telle vie s'éprouve en cohérence avec la volonté et l'être de Dieu; il s'agit d'une vie dans l'amour et la vérité.

Selon la conviction chrétienne, le chemin vers une telle vie n'est offert que par le Christ. Il est lui-même la vérité, et il révèle la vérité dans la mesure où il accomplit la volonté d'amour de Dieu par son être, son agir et sa vie et que, par conséquent, il fait absolument valoir l'amour.

4. La vérité et l'amour sont absolument manifestes dans la personne du Christ. Toutefois, ils ne sont reconnus que par ces créatures à qui Dieu lui-même, dans la personne de l'Esprit Saint, témoigne de sa vérité comme vraie. L'Esprit Saint œuvre de telle manière que la reconnaissance humaine et aussi l'agir humain parviennent à correspondre avec la vérité révélée dans le Christ. Par l'œuvre de l'Esprit, chacun réalise que l'amour manifesté et éprouvé par le Dieu fait homme lui est destiné. Par l'œuvre de l'Esprit, chacun fait l'expérience

d'une déclaration d'amour de Dieu comme déclaration d'amour personnelle et, de ce fait, se sait aimé du Créateur de son être et se sent motivé à aimer les autres créatures.

C'est l'Esprit qui donne à reconnaître la vérité de la Vérité, lorsqu'il donne d'éprouver l'amour de Dieu. Car la vérité de Dieu n'est pas une vérité qui pourrait être comprise intellectuellement. Il s'agit tout simplement d'éprouver cette vérité dans sa propre chair. Si un être humain fait une telle expérience de l'amour, il sera capable de confiance même dans la souffrance, par le fait que le Christ porte également cette souffrance avec lui, tout comme il a déjà porté la souffrance du monde et l'a surmontée. La conscience que Dieu est présent avec son amour éternel dans les bons comme dans les mauvais jours est consolante, fortifiante et pleine d'une joie perceptible. Une telle expérience de consolation et de joie nécessite que l'on soit fermement convaincu de la vérité de la Vérité et que l'on reconnaisse le Christ comme le seul en qui advient le salut.

Une telle conviction quant à la vérité de la Vérité ne peut guère se produire qu'individuellement dans la trajectoire de vie d'un être humain, et c'est pourquoi elle ne peut être transmise d'un être humain à un autre. Bien plutôt, la certitude de la vérité demande que l'on vive dans une confiance patiente dans le fait que Dieu ouvrira sa vérité aussi à d'autres, à un moment et en un lieu précis, en totale cohérence avec son être.

L'universelle déclaration d'amour de Dieu vaut ainsi pour toute la création, mais la reconnaissance de cette déclaration d'amour par les créatures individuelles ne se produit pas au même moment. Pour chaque individu, on peut admettre qu'il existe un temps déterminé où il pourra reconnaître la vérité de la Vérité. De la même façon que Dieu est devenu homme en Christ en un temps qu'il a lui-même déterminé, viendra un temps déterminé par Dieu où chaque individu humain parviendra à la reconnaissance de la vérité.

5. Celui à qui l'Esprit-Saint donne de reconnaître la vérité de la Vérité peut se savoir intégré dans le mouvement du Christ qui conduit à la vie éternelle par-delà l'erreur et la mort. Ce mouvement ne se produit pas indépendamment du créé. Bien plutôt, les créatures peuvent être utiles pour ce qui est de rendre possible ce chemin vers Dieu. Elles peuvent être utiles et précieuses lorsqu'elles annoncent le projet du Christ, qui est d'attirer et de conduire vers la communion avec Dieu. C'est pourquoi elles sont sollicitées pour l'annonce de l'Évangile.

Mais en aucun cas, elles ne peuvent produire de mouvement ou accéder à Dieu par elles-mêmes.

Les créatures humaines ont seulement la possibilité d'annoncer la vérité et de la rendre reconnaissable. Mais la reconnaissance de la vérité ne peut être que l'œuvre de la vérité elle-même, en ce qu'elle se montre et se donne à expérimenter[12].

Être convaincu de la vérité de la Vérité, reconnaître que la vérité est vraie ne peut être l'œuvre d'un être humain. Car personne ne peut prouver, ni par des paroles ni par des œuvres, sa propre intelligence de la vérité et la foi en l'Évangile que cette intelligence détermine. Aucun témoignage de ce vécu, aucune expression de cette reconnaissance ne sont jamais identiques à la révélation elle-même, et ne sont, de ce fait, efficaces en matière de salut.

Ni un être humain particulier, fût-ce Marie, la mère de Jésus, ni une communauté humaine particulière, ni même l'Écriture sainte ne peuvent produire une intelligence de la vérité. Ils ne peuvent prouver la vérité et ne peuvent sauver de l'éloignement de Dieu car ils ne peuvent disposer de l'amour de Dieu[13].

[12] Voir S. KIERKEGAARD, «Einübung im Christentum», dans ID., *Einübung im Christentum u.a. Schriften*, hg. und eingel. v. Walter Rest (49–267), Cologne, Hegner, 1951 p. 267. Trad. française: *L'École du christianisme*, trad. P.-H. TISSEAU, E.-M. JACQUET-TISSEAU, dans *Œuvres complètes de Sören Kierkegaard*, t. 17, Paris, Orante, 1982, 2-231, p. 321: «Toi seul peux attirer à Toi, bien que Tu puisses Te servir de tout et de tous – pour attirer tous les hommes à Toi».

[13] Voir, à propos du rejet du culte des saints par les Réformateurs, M. LUTHER, *Der Große Katechismus, Auslegung des ersten Gebots*, dans BSELK (s. Anm. 4), 934, p. 15–25. Traduction française: M. LUTHER, *Le Catéchisme en notre langue* (Le Grand Catéchisme) 1529, trad. P. JUNDT, dans M. LUTHER, *Œuvres*, t VII, Genève, Labor et Fides, 1962, 21-153, p. 35: «Ainsi, tu comprends aisément maintenant ce que ce commandement exige, et combien il exige, à savoir le cœur entier de l'homme, et que toute confiance soit placée en Dieu seul et en nul autre. […] C'est pourquoi il veut nous détourner de tout ce qui est en dehors de lui et nous attirer à lui parce qu'il est le bien unique et éternel. C'est comme s'il disait: "Ce que tu as cherché auparavant auprès des saints, ou la confiance que tu as mise en Mammon et ailleurs, attends tout cela de moi, et considère-moi comme celui qui t'aidera et qui te comblera à profusion de tous bienfaits."». Voir également J. CALVIN, *Institutio* (voir note 1), Buch I, Kapitel 12, Abschnitt 1, 62. J. CALVIN, *Œuvres* (Publication de la Société Calviniste de France), *Institution de la religion chrétienne*, Livre premier, Chapitre XII, Genève, Labor et Fides, 1955, p. 76: «En cette matière, les anciens idolâtres, tant Juifs que gentils, ont imaginé un Dieu souverain qui fût seigneur et père dessus tous, auquel ils ont assujetti un nombre infini d'autres dieux auxquels ils attribuaient le gouvernement du monde en commun avec lui. C'est ce qu'on a fait par ci-devant des saints trépassés, car on les a exaltés jusqu'à les faire compagnons de Dieu en les honorant et invoquant comme lui, et leur rendant grâces de tout biens. Il ne nous semble pas

Le fait d'admettre qu'un être humain, une communauté humaine ou une collection d'écrits constituée par des humains puisse être capable d'opérer un salut recèle la présomption peccamineuse de pouvoir disposer de Dieu. La toute-puissance de Dieu en serait restreinte et limitée; on admettrait que d'autres personnes et d'autres choses que le Dieu incarné seraient capables de révéler la vérité et de susciter de l'amour. De même, on minimise l'amour de Dieu et la pertinence, quant au salut, de l'événement-Christ, si l'on nie que c'est dans le Christ seul que le péché est surmonté en faveur de la vie.

L'amour inimitable, universel et salvifique de Dieu consiste précisément en ceci, qu'il s'engage lui-même sous les traits d'un être humain particulier, en faveur de chaque être humain particulier, en raison de l'erreur de celui-ci. En tant qu'être humain particulier, il s'approche aussi près que possible de chaque être humain particulier et il offre aux créatures un amour sans fin, qui leur procure la vie éternelle en vérité sans exiger de contrepartie d'aucune sorte. À mon sens, on ne peut penser un amour plus grand. De même, la conviction selon laquelle la vérité est donnée uniquement dans le Christ n'est en aucune manière une prétention à l'exclusivité. Bien plus, cette conviction rend nécessaire un vivre-ensemble plein d'amour avec les créatures, dans la responsabilité pour leur bien-être et dans la conscience du fait que leur salut est réel uniquement dans le Christ.

En Christ seul, Dieu et l'humanité sont unis, et c'est en ceci que sa vie, son amour et sa souffrance sont porteurs de salut. Aucun agir humain, aucune souffrance humaine ne peuvent œuvrer de manière salutaire car il s'agit toujours de l'agir et de la souffrance d'une créature pécheresse particulière, et de ce fait, ce n'est pas l'agir et la souffrance de celui qui fonde l'être créé. Le Christ n'est pas un souffrant parmi d'autres. Il n'est pas non plus le premier d'une série de martyrs et de «saints» qui, ensemble, apporteraient le salut. Car le salut se produit dans le fait que Dieu se donne à reconnaître tel qu'il est.

L'amour essentiel de Dieu ne se laisse pas plus morceler que Dieu lui-même, et de ce fait il ne saurait être manifesté dans une série de révélations différentes et successives qui se seraient multipliées dans le temps. La reconnaissance de la vérité tout court, c'est-à-dire la

juste que la gloire de Dieu soit de quelque manière obscurcie par cette abomination, et même qu'elle en soit pour la plus grande part supprimée et éteinte».

compréhension de l'amour tout-puissant de Dieu, est accordée une fois pour toutes dans l'unique événement-Christ. Et puisque l'amour tout-puissant de Dieu est éternel, sa volonté et son œuvre ne connaissent pas de changement au fil du temps. Depuis la manifestation d'amour du Christ, toute autre manière de reconnaître l'amour est donc exclue. En ce sens on peut établir un lien avec la première thèse de la déclaration théologique de Barmen: «Jésus-Christ, tel que l'Écriture sainte témoigne de lui est la seule [et unique] parole de Dieu que nous ayons à écouter, en laquelle nous ayons à mettre notre confiance dans la vie et la mort, à laquelle nous ayons à obéir»[14].

Anne KÄFER

[14] «Theologische Erklärung zur gegenwärtigen Lage der Deutschen Evangelischen Kirche vom 31. Mai 1934», These 1, abgedruckt u.a. dans K. BARTH, *Texte zur Barmer Theologischen Erklärung*, Zürich, Theologischer Verlag, 1984. Voir, en lien avec le texte de la première thèse, la première question et réponse du catéchisme de Heidelberg, in *Heidelberger Katechismus*, rev. Ausgabe 1997, Neukirchen-Vluyn, Neukirchener Verlag, [4]2010: «Was ist dein einziger Trost im Leben und im Sterben? Daß ich mit Leib und Seele im Leben und im Sterben nicht mir, sondern meinem getreuen Heiland Jesus Christus gehöre. [...]» («Quelle est ta seule consolation dans la vie et dans la mort? – Que dans mon corps et mon âme, dans la vie et la mort, je n'appartienne non pas à moi-même, mais à mon fidèle Sauveur, Jésus-Christ»).

«Réponse»

L'article d'Anne Käfer rend compte d'une affirmation particulièrement chère aux Réformateurs: c'est dans le Christ et en lui seul que Dieu s'est donné à connaître, et c'est par lui seul que le salut est offert à l'humanité. Un théologien catholique n'aura pas de difficulté à reconnaître lui aussi l'unicité du Christ (en dépit du pluralisme radical qui marque certains courants de la «théologie des religions»[15]). De fait, cette unicité est clairement exprimée dans les textes du Nouveau Testament. Rappelons, à titre d'exemple, la formule de l'apôtre Pierre dans les *Actes des apôtres*: «Il n'y a aucun salut ailleurs qu'en lui [= Jésus Christ]; car il n'y a sous le ciel aucun autre nom offert aux hommes qui soit nécessaire à notre salut» (Ac 4,12); ou encore la formule de Paul dans la 1e épître à Timothée: «Il n'y a qu'un médiateur entre Dieu et les hommes, un homme: Christ Jésus, qui s'est donné en rançon pour tous» (1 Tm 2,5-6); et l'on pourrait aussi invoquer divers «titres» de Jésus qui, à leur manière, proclament l'unicité de Jésus Christ – telle l'expression «unique engendré (*monogenès*)» dans l'évangile de Jean (Jn 1, 18). L'affirmation «*solus Christus*», de ce point de vue, n'est nullement une invention de la Réforme, elle renvoie bien plutôt à une conviction centrale des premiers chrétiens.

Le problème est cependant de savoir s'il existe, sur le fond d'un accord aussi fondamental entre catholiques et protestants, des différences de vues sur le sens même de la formule: de quels corollaires cette formule s'accompagne-t-elle dans le protestantisme, et la théologie catholique peut-elle, ou non, leur donner son assentiment? Les pages qui suivent voudraient d'abord souligner nos convergences avec la présentation d'Anne Käfer, puis formuler quelques réserves que cette présentation nous paraît soulever.

[15] Certains théologiens ont estimé que, pour satisfaire aux exigences du dialogue interreligieux, la théologie devait abandonner (provisoirement au moins) toute prétention à affirmer cette unicité du Christ; voir par exemple J. Hick, *God and the Universe of Faiths: Essays in the Philosophy of Religion*, Londres, Macmillan, 1973; P. Knitter. *No Other Name? A Critical Survey of Attitudes towards the World Religions*, Maryknoll, NY, Orbis Books, 1985. Mais on ne voit pas comment cette position peut être conciliée avec la confession de foi christologique telle qu'elle ressort du Nouveau Testament et des symboles de foi.

Des convergences de fond

Anne Käfer parle de Jésus-Christ comme de celui en qui la vérité de Dieu s'est rendue présente. Cette affirmation la conduit d'abord à un développement fondamental sur Dieu lui-même, «la Vérité pure et simple». Nous souscrivons pleinement à ce qu'elle dit sur l'unicité de ce Dieu, qui «se reconnaît et se désire lui-même», et qui est «fondement et Créateur de tout être»; nous percevons aussi l'enjeu d'un tel développement qui prépare l'exposé directement christologique: il faut en effet avoir quelque idée de la «vérité de Dieu» pour comprendre la portée de la thèse selon laquelle la «vérité de Dieu» s'est justement «rendue présente» en Jésus-Christ.

Cette thèse, à son tour, ne peut être que pleinement accueillie par un théologien catholique. S'il fallait en rappeler (en amont des Réformateurs) le fondement dans les Écritures elles-mêmes, il suffirait de citer le verset qui achève le prologue johannique: «Personne n'a jamais vu Dieu; le Fils unique, qui est dans le sein du Père, nous l'a dévoilé» (Jn 1,18); et l'on rappellera en outre que, dans le même évangile de Jean, Jésus se présente lui-même comme «la vérité» (Jn 14,6). Il est donc juste de souligner que Jésus-Christ révèle l'Être de Dieu. Nous apprécions en outre que cette révélation de l'Être divin soit présentée comme étant, inséparablement, la révélation de «l'amour sans limites de Dieu, qui constitue le contenu de son éternelle vérité». Elle est de l'ordre d'un «événement», comme l'écrit l'auteure, et nous relevons que cet «événement» se décline lui-même en plusieurs phases: «Par l'événement-Christ, par son incarnation, sa mort et sa résurrection, Dieu manifeste à sa création l'amour qui le constitue». Ce point mérite d'être souligné car la théologie protestante a été souvent perçue, du côté catholique, comme liant trop exclusivement «l'événement-Christ» à l'événement de la croix; celle-ci est certes l'événement central, mais le théologien catholique apprécie que la phrase citée plus haut mentionne également l'Incarnation et la résurrection.

Nous rejoignons aussi Anne Käfer dans son insistance sur le don du salut, qui passe ultimement par le mystère pascal. On retrouve certes, ici, un écho de la théologie luthérienne selon laquelle Dieu, à l'heure de la croix, «s'engage carrément dans ce qui constitue le contraire de sa volonté»; mais même si la formule «*Deus contra Deum*» de Luther paraît excessive à la théologie catholique, celle-ci n'a aucune peine à admettre la radicalité de l'événement advenu sur la croix «pour nous et pour notre salut». Anne Käfer souligne en tout cas, à juste titre, le retournement paradoxal qui s'opère à cette heure: le Crucifié prend sur lui le péché du monde, mais c'est par cette voie même que, donnant sa vie, il offre aux hommes la délivrance de ce péché: la résurrection manifeste précisément cette «victoire au nom de l'amour éternel».

Il vaut la peine de souligner, en particulier, que la réflexion d'Anne Käfer contribue à éclairer une question qui était formulée dès le début de son article: «il faut se demander dans quelle mesure l'affirmation d'un salut par le Christ seul, qui semble revendiquer une certaine exclusivité, est compatible avec l'amour universel du Créateur. La transmission de la vérité de Dieu n'était-elle pas possible par d'autres voies?» La réponse de l'auteure à cette question est que Dieu est né et qu'il est mort «en faveur de l'humanité pécheresse»; plus précisément, si Dieu s'est engagé si radicalement dans l'épreuve de la croix – jusque «dans ce qui constitue le contraire de sa volonté» –, c'est pour montrer que «même cela n'échappe pas à son amour tout-puissant» et, bien plus, que «c'est accompli dans son amour». En d'autres termes, loin que l'affirmation *solus Christus* doive conduire à une position «exclusiviste[16]», la croix du Christ (en cela même qu'elle a d'extrême et d'unique) manifeste paradoxalement à quelle profondeur Dieu a voulu rejoindre l'humanité et combien il a voulu la sauver. Le salut «par le Christ seul» ne s'oppose donc pas à «l'amour universel du Créateur», mais est en réalité le chemin de son accomplissement.

Anne Käfer a en tout cas un beau développement sur la finalité de ce salut qui n'est autre qu'une «communauté d'amour avec Dieu». Elle souligne à juste titre que l'Esprit Saint donne aux croyants de «reconnaître la vérité de la Vérité» et d'«éprouver l'amour de Dieu» – expérience de consolation et de joie. C'est là une expérience que le croyant ne saurait imposer à autrui; du moins peut-il espérer que d'autres auront part, le moment venu, à une telle expérience. Anne Käfer le redit vers la fin de son article: «la conviction selon laquelle la vérité est donnée uniquement dans le Christ n'est en aucune manière une prétention à l'exclusivité»; bien plus, cette conviction

[16] Cet «exclusivisme» a été reproché à Karl Barth; mais il a également caractérisé, dans la théologie catholique, les interprétations étroites de l'adage «Hors de l'Église pas de salut»; voir B. SESBOÜÉ, *«Hors de l'Église pas de salut». Histoire d'une formule et problèmes d'interprétation*, Paris, Desclée de Brouwer, 2004.

«rend nécessaire un vivre-ensemble plein d'amour avec les créatures, dans la responsabilité pour leur bien-être et la conscience du fait que leur salut est réel uniquement dans le Christ».

Sur le fond des convergences ainsi reconnues, nous identifions toutefois quelques points qui appellent des réserves ou des objections du point de vue catholique. Nous ferons ici deux séries de remarques, les unes sur la connaissance de la Vérité, les autres sur la finalité de l'Incarnation et la réponse de l'être humain – toutes ces remarques ayant précisément des incidences sur la compréhension de la formule «*Solus Christus*».

Révélation du Christ et connaissance de la Vérité

Une remarque préliminaire peut être formulée: le parcours proposé par l'article d'Anne Käfer relève de ce qu'on a coutume d'appeler, depuis W. Pannenberg et K. Rahner, une «christologie descendante» ou une «christologie d'en haut[17]». L'auteure part en effet d'une réflexion fondamentale sur Dieu comme «la Vérité pure et simple», et, de là, présente le Christ comme celui en qui et par qui la Vérité se rend présente. Une telle démarche est pleinement légitime; comme on sait, c'est ainsi que procédait la théologie scolastique (qui traitait de Dieu, puis du Verbe incarné), et c'est également ainsi que procède Karl Barth dans sa *Dogmatique*. Encore doit-on être conscient de la limite qui marque inévitablement une telle démarche: elle présuppose que l'on a déjà accès à la connaissance de Dieu, alors que, selon le témoignage des évangiles synoptiques, c'est d'abord la rencontre concrète de Jésus qui a permis à des hommes et à des femmes de s'ouvrir, par étapes, à la découverte de son identité profonde – la connaissance plénière de Jésus comme «Christ et Seigneur» ne leur ayant été donnée qu'à la lumière de Pâques. Certes, l'évangile de Jean s'ouvre par le fameux prologue qui, lui, part bien «d'en haut» («Au commencement était le Verbe»), et d'autres textes du Nouveau Testament témoignent également d'une «christologie descendante»; mais il importe de se rappeler que cette christologie, là même où elle est présentée au début d'un écrit

[17] Voir W. Pannenberg, *Esquisse d'une christologie*, trad. de l'allemand, Paris, Cerf, 1971, p. 31-35; K. Rahner, «Die zwei Grundtypen der Christologie», dans Id., *Schriften zur Theologie*, X, Zürich – Einsiedeln – Köln, Benzinger Verlag, 1972, p. 227-238.

(comme c'est le cas pour le prologue johannique), marque en fait un point d'aboutissement de l'itinéraire qui, depuis les premières manifestations de Jésus en Galilée, a permis d'accéder à la pleine connaissance de son identité. Ce rappel (qui explique le développement des christologies dites «ascendantes» ou «d'en bas» dans la seconde moitié du 20e siècle), n'enlève rien à la pertinence de la démarche suivie par l'auteure; il attire par contre l'attention sur la limite d'une telle démarche qui, par elle-même, ne dit rien de l'*accès* à la connaissance de la Vérité révélée – or cette dernière considération est de grand enjeu aujourd'hui, dans une Europe qui (en contraste avec la situation que connaissaient les Réformateurs du XVIe siècle), n'est plus du tout un monde de «chrétienté», et où il est essentiel de raconter à nouveau l'histoire de Jésus et d'aider, par cette voie, à entrer peu à peu dans une certaine découverte de Dieu même.

Cela posé, nous voudrions surtout formuler une question sur la manière dont Anne Käfer comprend l'exclusivité de la Parole de Dieu révélée dans le Christ. L'auteure présente «le Logos incarné comme la seule et unique Parole de Dieu, dans laquelle seule le salut est véritablement donné à la création», et elle ajoute que «c'est seulement et uniquement dans l'événement-Christ [...] que la vérité peut être reconnue»; plus loin, elle écrit que «l'amour essentiel de Dieu ne se laisse pas morceler» (pas plus que Dieu lui-même), et que de ce fait «il ne saurait être morcelé dans des révélations différentes et successives qui se seraient multipliées dans le temps». La difficulté est de savoir dans quel sens ces formules doivent être interprétées. Certes, nous reconnaissons le Verbe fait chair comme plénière et parfaite révélation de Dieu (en cohérence avec le texte de Jn 1,18 cité plus haut). Si les formules précédemment citées veulent seulement signifier cela, nous ne pouvons qu'y souscrire. Mais elles pourraient aussi laisser entendre que, pour des hommes n'ayant pas connu le Christ, il n'y a aucune possibilité d'accéder à quelque connaissance (même très partielle) de la Vérité. Or, si tel est leur sens, le propos de l'auteure doit être selon nous discuté.

De fait, dans le Nouveau Testament lui-même, il ne manque pas de textes qui affirment ou tout au moins suggèrent une certaine possibilité d'accéder, même avant la venue du Christ, à une connaissance au moins inchoative de la Vérité. L'un des passages les plus significatifs est à cet égard le début de l'épître aux Hébreux: «Après avoir, à bien des reprises et de bien des manières, parlé autrefois aux pères dans les prophètes, Dieu, en la période finale où nous sommes, nous a parlé à nous en un Fils qu'il a établi héritier de tout, par qui aussi il a créé les mondes» (He 1,1-2). Il est vrai que la pointe de ce passage est de mettre en valeur, non seulement la supériorité de la Parole que Dieu a donnée en son Fils, mais son caractère unique par rapport à toute autre révélation. Mais cette insistance n'abolit pas pour autant ce qui est dit au premier verset: Dieu, «à bien des reprises et de bien des manières», a parlé aux pères dans les prophètes; cela même signifie qu'il y avait bien, pour ces prophètes et pour leurs auditeurs, quelque connaissance de la Parole divine. Autre exemple non moins révélateur: le fameux discours de Paul aux Athéniens dans les Actes des apôtres; Paul déclare à ceux-ci que, déjà, ils vénèrent Dieu sans le connaître (Ac 17,23); Dieu, dit-il encore, a voulu que les hommes le cherchent: «peut-être pourraient-ils le découvrir en tâtonnant, lui qui, en réalité, n'est pas loin de chacun de nous» (Ac 17,27). Ici encore, la pointe du discours est certes d'annoncer la nouveauté de ce qui est advenu à travers la résurrection du Christ (Ac 17,31); il reste que Paul ne s'adresse pas aux Athéniens comme à des hommes qui n'auraient eu aucun accès à la Vérité[18].

Plusieurs Pères des premiers siècles sont en tout cas habités par cette conviction. Ainsi l'apologiste Justin écrit-il que certains hommes ont pu, dans le passé, vivre «avec le Logos» et que ceux-là peuvent être qualifiés de «*christianoi*» (au sens où, sans connaître le Christ, ils participaient de quelque manière au Logos de Dieu). C'est lui, également, qui reprend et transpose le concept stoïcien du «*logos spermatikos*»: se souvenant de la parabole évangélique du Semeur, il reconnaît que le Logos divin, avant même les jours de l'Incarnation, pouvait se communiquer de quelque manière dans le monde des nations. Clément d'Alexandrie reprend et développe cette intuition; il n'hésite pas à écrire que «tous les Grecs et les Barbares qui ont tendu

[18] On pourrait encore invoquer le passage de Rm 1,19-20: «ce que l'on peut connaître de Dieu est pour eux manifeste: Dieu le leur a manifesté. En effet, depuis la création du monde, ses perfections invisibles, éternelle puissance et divinité, sont visibles dans ses œuvres pour l'intelligence». Ce passage, comme on le sait, a été central dans des controverses du passé – la théologie protestante soulignant avant tout que la Parole de Dieu révélée en Jésus-Christ est la seule source de la Révélation, tandis que la théologie catholique, de son côté, s'est souvent appuyée sur Rm 1,19-20 pour développer sa position sur la «connaissance naturelle de Dieu». Sur ce débat et sur la manière de le surmonter, voir H. BOUILLARD, *Karl Barth*, vol. 3, Paris, Aubier-Montaigne, 1957, p. 63-139.

au vrai possèdent quelque chose de la parole de vérité, les uns beaucoup, les autres une parcelle, selon le cas[19]». Les mêmes Pères ne font pas pour autant preuve d'une ouverture naïve aux «nations»: ils savent aussi que beaucoup, dans les siècles anciens, ont cédé au mensonge et à l'injustice – refusant ainsi d'accueillir le Logos de Dieu. Surtout, ils insistent sur la nouveauté inouïe de «l'événement-Christ», depuis sa naissance virginale jusqu'à sa résurrection en passant par sa mort sur la croix. Mais cette nouveauté ne signifie pas que des hommes n'ayant pas connu le Christ aient été absolument dépourvus de toute possibilité d'accès à la Vérité.

Il importerait de dire les enjeux actuels d'une telle perspective pour l'annonce de l'Évangile et la conception de la mission – surtout à une époque où le christianisme européen, désormais sorti d'un régime de chrétienté, se trouve davantage confronté à l'altérité de traditions culturelles et religieuses qui peuvent être, selon les cas, accueillantes ou hostiles à la prédication chrétienne. Mais dans le cadre de cet article nous voudrions plutôt souligner que les précisions ainsi apportées, loin de mettre en cause l'affirmation *Solus Christus*, lui confèrent à nos yeux une signification encore plus profonde. En effet, si les formules d'Anne Käfer que nous citions plus haut étaient entendues dans un sens radicalement exclusiviste, elles laisseraient entendre que l'unicité du Christ aurait pour corollaire l'impossibilité de tout accès à la Vérité en dehors d'une connaissance explicite de la Révélation chrétienne. Mais ce qui fait en réalité l'unicité du Christ, ce n'est pas seulement la nouveauté de «l'événement-Christ» (sa naissance, sa mort, sa résurrection, le salut qu'il offre à l'humanité), c'est aussi le fait qu'il n'est autre que la Parole de Dieu et que cette Parole, bien que devenue chair en un lieu et temps donnés de notre histoire, a pu et peut encore être «disséminée» parmi les nations – en sorte que des hommes de toute tradition, même s'ils n'ont jamais été directement atteints par l'annonce de l'Évangile, ont du moins la possibilité (non point par leurs seules forces, mais d'abord grâce à Dieu lui-même!) d'accéder au moins à quelque connaissance de la Vérité… jusqu'au jour où ils ont pu ou pourront découvrir le visage et le nom de Jésus, le seul qui soit «Christ et Seigneur».

[19] Clément d'Alexandrie, *Stromates*, I, 13, 57, 1. Trad. M. Caster (Sources Chrétiennes, 30), Paris, Cerf, 1951, p. 91.

L'Incarnation et la réponse de l'être humain

La seconde série de réserves que nous voudrions formuler concerne l'Incarnation et la réponse de l'être humain.

Anne Käfer insiste à juste titre sur la portée salvifique de l'Incarnation: Dieu est venu pour que l'humanité pécheresse soit sauvée du péché. Cela est pleinement cohérent avec le témoignage du Nouveau Testament et des symboles de foi, pour qui le Christ est mort «pour nous et pour notre salut». Mais cette insistance même pourrait laisser entendre que l'Incarnation n'a pas d'autre raison d'être que de remédier au péché. Certes, l'auteure souligne aussi que «la finalité du salut est une vie en communauté d'amour avec Dieu»; mais cette importante précision, en quelque sorte, ne reflue pas sur la manière de présenter la finalité de l'Incarnation elle-même. Disant cela, nous n'entendons pas renouer avec les spéculations abstraites de certains auteurs médiévaux, se demandant si Dieu serait devenu homme au cas même où l'homme n'aurait pas péché. Nous nous référons plutôt à certains textes du Nouveau Testament d'après lesquels l'œuvre du Christ, même si elle est effectivement salvifique pour une humanité marquée par le péché, s'enracine d'abord dans le dessein éternel de Dieu le Père et dans sa volonté de faire participer les créatures à sa propre vie; rappelons en particulier l'hymne qui ouvre l'épître aux Éphésiens: «Dieu nous a choisis en lui avant la fondation du monde», «il nous a prédestinés à être pour lui des fils adoptifs par Jésus-Christ» (Ep 1,4-5). Nous pensons aussi à la théologie d'Irénée, pour qui l'Incarnation n'a pas seulement une portée salvifique (même si celle-ci est essentielle, compte tenu du péché d'Adam), mais s'éclaire plus fondamentalement par le dessein de Dieu pour l'humanité: le Verbe de Dieu, «à cause de son surabondant amour, s'est fait cela même que nous sommes afin de faire de nous cela même qu'il est»[20]. Nous pensons plus largement au thème de la «divinisation», particulièrement développé par les Pères grecs. On comprend certes que les Pères latins, à partir de la controverse entre Augustin et Pélage, aient davantage mis l'accent sur la portée de l'Incarnation pour le salut de l'humanité pécheresse; néanmoins cette insistance ne doit pas faire oublier que la venue de Dieu

[20] Irénée de Lyon, *Contre les hérésies*, V, Préface (trad. A. Rousseau), Paris, Cerf, 2011, p. 568; cf. aussi la célèbre formule: «la gloire de Dieu c'est l'homme vivant, et la vie de l'homme c'est la vision de Dieu» (IV, 20, 7; p. 474).

parmi les hommes ne répond pas seulement à la nécessité de remédier au mal mais, positivement, s'éclaire par le dessein divin d'offrir à l'humanité la participation à la vie divine.

La prédominance de la perspective sotériologique nous semble d'ailleurs avoir pour corollaire, dans l'article d'Anne Käfer, une vision quelque peu pessimiste de l'être humain: non seulement celui-ci est pécheur, mais il n'a par lui-même aucune capacité à «reconnaître la vérité de la Vérité» ni à «susciter de l'amour». Nous comprenons certes le souci de l'auteure, qui veut à juste titre souligner l'unicité du Christ ainsi que la nécessaire action de l'Esprit. Mais cette légitime insistance implique-t-elle que l'on doive, corrélativement, limiter à ce point les possibilités de l'être humain? Il est caractéristique que, dans les évangiles, Jésus en appelle aux ressources profondes de ceux et celles qu'il croise sur sa route, ou qu'il est même saisi par telle parole ou tel geste dont il est témoin. Il lui arrive de rencontrer des hommes qui reconnaissent quelque chose de la vérité – tel le scribe qui répond avec sagesse à ses paroles sur les deux commandements (Mc 12,32-33). Il met aussi en avant l'attitude de ceux qui font preuve d'amour envers leur prochain – ainsi à travers la parabole du bon Samaritain (Lc 10,30-37) ou celle du jugement dernier (Mt 25,31-46). On peut assurément souligner que de telles paroles ou de tels gestes sont eux-mêmes inspirés par l'Esprit; il reste que les êtres humains ont justement la responsabilité de les prononcer ou de les accomplir. On pourrait encore objecter la formule de Paul dans l'épître aux Philippiens: «c'est Dieu qui fait en vous et le vouloir et le faire selon son dessein bienveillant» (Ph 2,13); mais cette formule doit être entendue dans son paradoxe même: c'est Dieu qui est à l'œuvre, et il n'y en a pas moins un «vouloir» et un «faire» qui relèvent de l'homme. Il ne s'agit évidemment pas de laisser entendre que l'être humain serait source du salut à la place du Christ[21]: c'est Dieu, et lui seul, qui est source de ce salut. Mais, comme le disait jadis Augustin, «Dieu qui t'a créé sans toi ne te sauve pas sans toi[22]».

[21] De ce point de vue, le rejet du culte de Marie et des saints (auquel Anne Käfer fait allusion dans son article) relève d'un certain malentendu: bien compris, ce culte ne met pas en cause l'initiative du don de Dieu dans l'œuvre du salut; mais il témoigne de ce que des hommes et des femmes, à commencer par Marie, ont librement accueilli ce don, qu'ils ont parlé et agi en conséquence, qu'ils sont ainsi des exemples pour les croyants et qu'on peut trouver en eux des intercesseurs privilégiés auprès de Dieu.

[22] AUGUSTIN, *Sermon* 169, 11, 13 (Patrologia latina, 38, col. 923).

Par là, soulignons-le, l'unicité du Christ n'est point perdue de vue; elle est bien plutôt entendue à une nouvelle profondeur: le Christ est d'autant plus unique que, par amour, il en appelle au «vouloir» et au «faire» des hommes pour accomplir le dessein de son Père.

* * *

Les quelques réserves que nous avons émises ne doivent pas faire oublier les convergences de fond que nous avons d'abord soulignées. L'auteure cite au terme de son article la première thèse de la déclaration de Barmen (1934): «Jésus-Christ, tel que l'Écriture sainte témoigne de lui, est la seule [et unique] parole de Dieu que nous ayons à écouter, en laquelle nous ayons à mettre notre confiance dans la vie et la mort, à laquelle nous ayons à obéir.» Tout chrétien, de fait, doit reconnaître cette parole révélée comme la référence centrale de son existence, et plus que jamais lorsqu'on s'efforce de l'en détourner (comme c'était le cas à l'époque du nazisme, auquel la déclaration entendait précisément s'opposer). Mais cela ne signifie pas qu'il faille refuser aux hommes toute possibilité d'accès à quelque connaissance de la Vérité, ni limiter la finalité de l'Incarnation à sa portée salvifique, ni dénier aux créatures la moindre capacité à reconnaître le vrai et à susciter de l'amour. Ce n'est pas porter atteinte à l'unicité du Christ que de faire droit à ces dernières exigences. Au contraire, le Verbe de Dieu est d'autant plus unique qu'il se communique mystérieusement là même où il n'est pas connu, l'Incarnation est d'autant plus inouïe qu'elle reflète le dessein éternel de Dieu vis-à-vis de l'humanité, le Christ est d'autant plus grand qu'il en appelle à la responsabilité des chrétiens dans l'histoire. Ces précisions, loin de mettre en cause la formule *Solus Christus*, invitent plutôt à l'entendre selon «la largeur, la longueur, la hauteur, la profondeur» (Ep 3,18) de la Vérité révélée dans le Christ.

Michel FÉDOU

Comprendre la situation œcuménique actuelle

Le pape François a participé à la célébration de Lund le 31 octobre 2016. Cette cérémonie avait été prévue par la Fédération Luthérienne Mondiale et le Conseil Pontifical pour l'Unité des Chrétiens comme ouverture de l'année 2017, l'année de la commémoration du 500e anniversaire de la Réforme de l'Église initiée en 1517 par Luther. Le pape a souhaité y participer personnellement. Il a rendu grâce pour les percées spirituelles et théologiques de la Réforme et s'est associé aux demandes de repentance mutuelles. Ce faisant le pape a inauguré une nouvelle manière de célébrer cet anniversaire, une manière inimaginable avant le Concile Vatican II et à l'opposé de la manière dont les Églises marquées par la Réforme célébraient les jubilés antérieurs. Ce geste majeur correspond aux fruits des dialogues entre Églises et manifeste les progrès évidents des efforts œcuméniques. L'année 2017 aura été marquée par de nombreux moments de célébration commune en de nombreux pays du monde.

On pourrait multiplier les exemples d'avancées décisives sur le chemin de l'unité à tous les niveaux de la vie ecclésiale. On pourrait aussi citer bien des contre-exemples, évoquer divers retours identitaires et raidissements confessionnels, regretter que la jeune génération – et non en dernier lieu les jeunes théologiens – ne s'intéressent guère à l'unité de l'Église, s'interroger à propos du repli sur soi et de la percée de divers fondamentalismes qui caractérisent non seulement nos Églises mais tous les domaines de nos sociétés. La situation est complexe. Elle varie d'un pays à l'autre, d'une famille ecclésiale à l'autre, et dépend, non en dernier lieu, de l'engagement de personnes particulières. Il est aujourd'hui pratiquement impossible de peindre un tableau d'ensemble rendant justice à cette multiplicité de situations.

La présente contribution voudrait prendre un peu de recul et aborder dans un premier temps les choix théologiques fondamentaux et les options méthodologiques mises en œuvre sur le chemin de l'unité. Ils sont concomitants des dialogues qui en sont à la fois les préalables et les conséquences. Ces derniers seront abordés dans la seconde partie de cet article. Dans un troisième temps, il conviendra de mentionner les défis qui sont aujourd'hui lancés aux dialogues et qui dépassent le champ qui a été le leur jusqu'ici.

Un accord fondamental sur l'orientation œcuménique

La vision fondamentale, commune aux Églises occidentales, peut être résumée en quelques affirmations majeures.

L'unité est une marque essentielle de l'Église. Elle est un don du Dieu trinitaire. Les chrétiens se savent redevables de ce don lorsqu'ils croient et confessent l'Église *une, sainte, catholique* et *apostolique*. L'unité de l'Église est en tension avec la multiplicité des Églises tant que ces dernières vivent séparées les unes des autres. La division des Églises est une hérésie à surmonter. Ce sont là la mission et la tâche de toutes les Églises et le but du mouvement œcuménique.

Ce qui fonde l'Église fonde aussi son unité. Christ est présent et le Saint Esprit éveille à la foi, offre la réconciliation, fonde et rassemble la communauté là où l'Évangile est proclamé aux humains, où le pardon des péchés est déclaré, où le baptême et le Repas du Seigneur sont célébrés conformément à l'Évangile. Par la parole et les sacrements, l'individu est mis au bénéfice du salut en Christ, et ces mêmes moyens de grâce fondent et maintiennent l'Église. Au service de la parole et des sacrements Dieu a institué le ministère dans l'Église, un ministère qui accomplit sa mission sous des formes diverses. Un accord à propos de ces moyens de grâce est nécessaire pour l'unité de l'Église.

L'unité de toutes les Églises par-delà les frontières confessionnelles est à comprendre comme communion ecclésiale. Lorsque les dialogues montrent qu'il y a consensus dans la compréhension de l'Évangile, l'administration des sacrements et l'exercice du ministère de l'Église et que cet accord est officiellement reconnu et notifié par les Églises, la communion ecclésiale est donnée. Pareille communion n'a rien d'une uniformité éliminant toutes les différences. La recherche œcuménique contemporaine et les dialogues ont mis en évidence qu'une *même* compréhension de l'Évangile pouvait être exprimée par d'autres traditions au moyen de langages et de formes de pensée *différents*. Afin de préserver la communion ecclésiale, les Églises doivent s'engager à une vie ecclésiale commune et ouverte à l'altérité, à poursuivre le travail théologique et à se consulter mutuellement en vue de prises de décision face à des tâches communes. La communion ecclésiale est ainsi vécue, préservée et traduite par un témoignage et un service commun en ce monde.

La communion ecclésiale est toujours unité dans la diversité réconciliée. Les dialogues œcuméniques ont fait des différences dans la confession de foi leurs thèmes prioritaires vu que ces différences ont, durant des siècles, empêché la communion ecclésiale et provoqué des condamnations réciproques. Sans chercher une fausse harmonisation, et encore moins une uniformisation, l'accent est à mettre sur la réconciliation, la réconciliation des diversités. La différence ne doit ni disparaître ni être simplement tolérée, elle doit cependant être réconciliée. En d'autres termes: les différences ont leur raison d'être, il leur faut cependant perdre leur caractère séparateur. Lorsque l'unité est comprise comme «unité dans la diversité réconciliée», cela ne signifie en aucun cas une simple acceptation des différences passées. Pour permettre pareille réconciliation, il est nécessaire de distinguer le contenu des confessions de foi de leur forme. Lorsqu'il est possible de montrer que les formes et expressions différentes des différentes confessions de foi ont pour objet le même contenu ou fond, on peut parler d'une diversité réconciliée.

Le consensus différenciant correspond à l'unité dans la diversité réconciliée. Le travail œcuménique étudiant les doctrines conflictuelles peut seulement aboutir s'il parvient à une compréhension commune du *consensus* qui montre les accords et permet les différences. La théologie œcuménique doit donc mettre en évidence les données où l'accord est indispensable, les différences qui sont légitimes et la simultanéité de ces deux dimensions. On a souvent qualifié pareil consensus de «consensus différencié»; mieux vaut parler d'un «consensus différenciant». Il est différenciant car il distingue entre le contenu des vérités fondamentales, où un plein accord est nécessaire, et les expressions de ce contenu, où des différences subsistent légitimement. Ces formes d'expression concernent des notions différentes, des distinctions différentes et des modes de pensée différents. Pareilles distinctions correspondent au fait que les êtres humains et aussi les Églises vivent à un certain moment de l'histoire et dans un contexte précis. Pareille diversité apparaît déjà dans les récits bibliques qui témoignent d'une manière plurielle de vivre l'Évangile. Lorsque le consensus différenciant est atteint, les différences sont légitimes et expriment la grande richesse de l'Église de Jésus-Christ. L'«unité dans la diversité réconciliée» nécessite un consensus différenciant.

Seuls des dialogues théologiques sérieux et une recherche œcuménique intense permettent de parvenir à un consensus différenciant. Les dialogues théologiques ont été et sont nécessaires car certaines doctrines et pratiques des Églises ont été et sont conflictuelles. Elles ont été les raisons pour les divisions entre les Églises. Les dialogues veulent contribuer à améliorer les relations entre les Églises en leur donnant des bases nouvelles. Pour y parvenir, il faut tout d'abord étudier les raisons de ces conflits et chercher à réconcilier les mémoires. Pour cela, il est essentiel de comprendre les terminologies et les manières de penser différentes afin de mieux cerner les souhaits et les soucis des partenaires antagonistes. On peut ainsi distinguer les contenus des enseignements sources de tension de leurs différentes formes d'expression, puis se demander si ces enseignements ne concorderaient pas au niveau de leur contenu. Il faut pour cela traduire le contenu d'une langue théologique à une autre. Seuls des dialogues patients et précis permettent de dépasser ainsi le caractère séparateur de ces doctrines. Les documents œcuméniques mettant en évidence les consensus veulent démontrer – et non seulement affirmer – à travers des formulations brèves que deux enseignements expriment effectivement, dans leurs différences, le même contenu. Dans les 50 dernières années, de nombreux dialogues ont eu lieu entre les différentes communions ecclésiales mondiales. C'est ainsi qu'est née une grande bibliothèque de rapports de dialogues qui ne sont pas tous du même type[1]. Tous les dialogues ne peuvent ou ne veulent pas parvenir à des documents présentant des consensus. Certains ne sont que des procès-verbaux d'entretiens, d'autres sont de véritables traités théologiques qui permettent aux Églises d'exposer leur approche des questions théologiques, des traités qui ont aussi leur utilité *ad intra*.

La reconnaissance mutuelle des différentes Églises comme membres de l'unique Église de Jésus-Christ est un élément constitutif de la réalisation de l'unité donnée par Dieu. Le but de nombreux dialogues

[1] De nombreux textes sont documentés sur le CD-Rom A. BIRMELÉ, J. TERME (éds), *Accords et dialogues œcuméniques*, Lyon, Olivétan, 2007. La documentation complète existe en langue allemande en 4 tomes: *Dokumente wachsender Übereinstimmung* (DWÜ), Paderborn, Bonifatius – Frankfurt, Lembeck puis EVA, Leipzig. Le premier tome a paru en 1983. Les 4 tomes se limitent cependant aux textes issus des dialogues internationaux et dépassent aujourd'hui 5000 pages.

est la reconnaissance réciproque comme membres de l'*unique* Église de Jésus-Christ. Non seulement les croyants individuels sont membres de l'Église, mais encore les différentes communions ecclésiales sont, elles aussi, à comprendre comme membres, car l'Église une est *communio ecclesiarum*. Cette reconnaissance mutuelle nécessite un consensus dans les questions doctrinales tel qu'il a été décrit ci-dessus. C'est là le service que les dialogues théologiques doivent rendre aux Églises.

La réception est la tâche œcuménique qui se pose à tous les niveaux de la vie ecclésiale. La rencontre des chrétiens des différentes Églises et les dialogues théologiques sont interdépendants et étroitement liés. L'acte formel des instances dirigeantes déclarant la communion ecclésiale avec une autre Église ne peut pas seulement se baser sur les conclusions des dialogues théologiques. Les expériences œcuméniques locales sont décisives pour la démarche des instances dirigeantes, tout comme elles conditionnent les futurs dialogues théologiques. Inversement, les décisions œcuméniques des directions d'Église demandent à être reçues spirituellement à tous les niveaux de la vie ecclésiale. Elles doivent permettre une nouvelle manière de rencontrer l'autre, une meilleure perception de l'enseignement et de la vie de l'autre Église, conformément aux acquis des dialogues. On ne saurait simplement attendre que les déclarations synodales soient approuvées et reçues formellement par les croyants. C'est l'expérience spirituelle des groupes et des paroisses qui permet aux synodes d'approuver de manière autorisée les textes des dialogues. La réception œcuménique dépasse la simple information ou approbation des conclusions du dialogue. Par la réception, le consensus théologique crée une nouvelle qualité de relation entre des traditions qui se sont un jour séparées tout en se référant au même Évangile. Pour qu'une réception authentique soit possible, une formation et une communication œcuménique sont nécessaires. Que les résultats des dialogues et entretiens œcuméniques soient vraiment reçus dans tous les domaines de la vie ecclésiale et qu'ils obligent, est l'œuvre du Saint Esprit.

L'unité de l'Église a besoin de visibilité. Elle correspond ainsi à l'incarnation de Dieu dans la personne de Jésus-Christ. L'unité visible des Églises est le but déclaré des efforts œcuméniques. Il faut voir et reconnaître ce qui fait d'une diversité une unité. La proclamation de l'Évangile et la célébration des sacrements unissent de manière visible tous les croyants par-delà leurs contextes. Elles fondent, créent et maintiennent la communion. La célébration commune nécessite un accord dans la compréhension du ministère ecclésial. Ceci vaut plus particulièrement pour le ministre ordonné qui préside la célébration. Il est œcuméniquement nécessaire de parvenir à une compréhension commune du ministère, de ses structures et des formes appropriées pour son exercice. Une des tâches les plus délicates des dialogues œcuméniques est de rechercher pareil accord, de mettre en évidence les points communs nécessaires à l'institution et à l'exercice de ce ministère afin que la visibilité de la communion puisse être perçue. L'enjeu étant la visibilité de la vie commune, les questions de l'organisation, des structures et des règlements ecclésiastiques deviennent, elles aussi, des enjeux œcuméniques. Ces données institutionnelles sont au service de la communication de la parole de Dieu par la prédication et la célébration des sacrements. Un accord sur ces points n'est pas du même ordre que le consensus à propos de la compréhension de la prédication de l'Évangile et des sacrements. Ces données ont cependant une grande importance pour la vie des Églises.

Des dialogues et des déclarations de communion

Ces convictions fondamentales partagées par la grande majorité des Églises appellent une illustration par la démarche des dialogues qui ont conduit à l'émergence de ces convictions tout en étant la mise en œuvre de ces dernières. Ces dialogues réunissent soit deux familles (les dialogues bilatéraux), soit l'ensemble des Églises à travers la commission *Foi et Constitution* du Conseil œcuménique des Églises (COE), une commission dont toutes les grandes familles sont membres et qui propose un cadre général de convergences dans lequel s'inscrivent les dialogues bilatéraux (le dialogue multilatéral). Les dialogues ont fait leur travail. Toutes les thématiques controversées ont été abordées. Refaire aujourd'hui les dialogues n'aurait guère d'intérêt car les meilleurs experts ont été à l'œuvre. On aboutirait probablement aux mêmes conclusions que celles dont nous disposons déjà.

Un malentendu fatal consisterait à croire que les Églises doivent à présent approuver les conclusions des dialogues et entrer dans les démarches théologiquement complexes qui ont été les leurs. Pareille tâche contredirait la raison même des dialogues. En effet les dialogues n'ont pas leur fin en eux-mêmes. Leurs conclusions sont des documents qui appartiennent aux experts qui – même s'ils ont été mandatés par les Églises – en sont seuls responsables. Ces rapports veulent certes montrer un chemin possible, élaborer des consensus et passer d'un ensemble de consensus à un consensus d'ensemble, mais leur finalité dernière est autre. Ils ont pour mission de fournir le fondement théologique permettant aux Églises de faire un pas de plus. Sur la base de ce travail théologique les Églises sont appelées à élaborer de brèves déclarations qui peuvent aller de la déclaration d'une communion partielle sur la base d'un consensus sur un point particulier jusqu'à la pleine communion ecclésiale, la reconnaissance mutuelle de l'autre Église comme expression légitime de l'unique Église de Jésus-Christ. Ce second pas relève des décisions des instances dirigeantes, que ce soit le magistère romain ou les synodes des Églises marquées par la Réforme. C'est ce second pas qui donne aux dialogues leur véritable autorité. Redevable aux conclusions des dialogues, il relève avant tout d'une volonté ecclésiale et d'une décision politique.

Vu qu'il n'est pas seulement fastidieux mais carrément impossible d'illustrer ce propos en mentionnant l'ensemble des dialogues, nous nous limitons à évoquer un exemple, celui du dialogue international luthérien/catholique romain qui est un des plus aboutis et qui a poursuivi la démarche énoncée ci-dessus avec beaucoup de rigueur. Il a conduit à la *Déclaration commune à propos de la justification* signée en 1999 entre l'Église romaine et la Fédération Luthérienne Mondiale. Après plus de 30 années, ce dialogue a pu aboutir à un bref texte de 44 paragraphes (5 pages) soumis aux synodes et approuvés par ces derniers. Ce n'est pas en dernier lieu la volonté politique de Jean-Paul II qui a conduit à cet accord dans la compréhension du salut et à la levée des condamnations ayant un jour existé à ce propos.

Les experts des deux Églises ont, dès leur première session, constaté un «ample consensus» dans la compréhension du salut. Cet accord se vérifie-t-il à propos du Repas du Seigneur et des ministères? Ce furent là les deux prochaines étapes. On constata que le large accord dans la compréhension du salut ne permettait pas encore de dépasser des divergences subsistant à propos des ministères et de l'Église. Il fut alors décidé de vérifier ces conclusions dans des dialogues continentaux avant tout aux USA et en Europe[2]. Suite à ces travaux régionaux, une nouvelle étape du dialogue mondial eut pour objet la clarification de la relation entre justification et Église qui présenta ses conclusions en 1994. Le large accord dans la compréhension du salut ne se traduisait pas encore dans des approches ecclésiologiques communes. La question dernière qui demeurait ouverte est la manière dont l'Église et ses ministères sont à comprendre comme instruments de Dieu pour le salut de l'humanité. Le cardinal W. Kasper demandait dès 1980 – il était alors professeur de théologie à Tübingen – si «la sainteté de l'Église lui est à ce point propre qu'elle lui permet d'agir d'une manière sainte et sanctifiante au travers de ses membres? Ou bien l'Église n'a-t-elle cette sainteté que sous la forme d'une promesse ou d'une qualité?[3] ». Les luthériens craignent que dans la compréhension catholique l'Église ne devienne, par moments, auteur d'actes dont Dieu est, pour les luthériens, l'unique sujet, les catholiques précisent de leur côté que l'Église est sanctifiée par Dieu au point d'être auteur, au nom de Dieu, d'actes sanctifiants.

Jean-Paul II ayant souhaité ne pas clore le second millénaire sans avoir dépassé une des difficultés majeures qui avaient au XVIe siècle entraîné la rupture en Occident, il fut donc décidé de rédiger et d'approuver officiellement cette *Déclaration commune à propos de la doctrine de la justification (DCJ).* La question ecclésiologique demeurant ouverte, il était clair que la déclaration d'une pleine communion n'était pas encore possible, mais un premier pas s'imposait. À présent le fondement de tout futur dialogue n'est plus le constat de divergences, mais bien un consensus dans la compréhension du salut[4].

Dès avant la signature de la *DCJ*, le cardinal Ratzinger, directement engagé dans la rédaction de la déclaration, dut faire face à une virulente opposition au sein de sa propre Église. Reconnaître qu'une autre famille chrétienne proclame le salut en Christ ne revient-il pas *de facto* à reconnaître cette autre famille comme étant elle aussi Église de Jésus-Christ? Pour mettre un terme à cette polémique, il publia, en

[2] Les résultats européens sont publiés dans l'ouvrage: K. LEHMANN, W. PANNENBERG (éds), *Les anathèmes du XVIe siècle sont-ils encore actuels?*, Paris, Cerf, 1989.

[3] W. KASPER, «Gegebene Einheit – bestehende Schranken – gelebte Gemeinschaft », *KNA. Ökumenische Information,* 52, 1980, p. 5-7; et 53, 54, 1980, p. 7-10.

[4] L'Alliance Méthodiste Mondiale s'est jointe à cette déclaration en 2006, la Communion Mondiale des Églises Réformées, en juillet 2017, la communion Anglicane en octobre 2017.

août 2000, au nom de la Congrégation pour la Doctrine de la Foi, la déclaration *Dominus Iesus* sur l'unicité et l'universalité salvifique de Jésus-Christ et de l'Église[5]. Il glissa dans ce texte, dont la finalité était autre, une brève mention qui suscita de vives réactions dans l'espace œcuménique: «Par l'expression *subsistit in*, le concile Vatican II a voulu proclamer (…) que malgré la division entre chrétiens, l'Église du Christ continue à exister en plénitude dans la seule Église catholique» (§16). Il n'y a donc qu'une seule Église pleine et véritable, celle conduite par l'évêque de Rome, le successeur de Pierre, et les évêques en communion avec lui. Plusieurs théologiens catholiques ont montré que pareille interprétation du fameux *subsistit in* de la Constitution dogmatique sur l'Église ne correspond pas à l'intention du Concile et que le cardinal avait ajouté à la fois la notion de plénitude et celle de l'exclusivité que le paragraphe 8 de *Lumen Gentium* ne comporte pas[6]. Il ne s'agit pas ici d'entrer dans le détail de ce débat. Notons simplement que l'interprétation du cardinal Ratzinger a été à plusieurs reprises répétée dans les quinze dernières années et que bon nombre de théologiens catholiques s'y réfèrent aujourd'hui.

Le dialogue international luthérien/catholique a repris la question ecclésiologique dans un travail sur l'*Apostolicité de l'Église* et présenta un nouveau rapport en 2006. Ce document propose une étude détaillée et exhaustive (460 paragraphes!) des enjeux ecclésiologiques et plus particulièrement des questions touchant au ministère[7]. Les

[5] Texte français in: *DC* 2233 du 1.10.2000 pp. 812-822.

[6] En particulier le professeur H. Legrand dans une interview à *Témoignage chrétien* en octobre 2000. Il rappela que le *subsistit in* veut précisément signifier que l'Église du Christ subsiste aussi ailleurs, donc dans d'autres familles chrétiennes. Il rappela que lors des débats conciliaires, le cardinal Liénart de Lille demandait «expressément que l'on supprime l'article 7 qui équipare de façon absolue l'Église catholique et le Corps mystique», une opinion partagée par le futur cardinal Grillmeier dans son commentaire du concile du *Lexikon für Theologie und Kirche* (Volumes complémentaires consacrés à Vatican II. Tome 1), Fribourg, Herder, 1966, en particulier son commentaire, p. 175, selon lequel la commission théologique a décidé de se satisfaire du simple *subsistit* pour laisser consciemment ouverte la question du rapport de l'Église une aux Églises. Elle a ainsi rendu possible un développement d'une portée considérable. Le théologien Joseph Famerée fait la même lecture et parle d'une herméneutique de rupture dans son récent ouvrage *Ecclésiologie et Œcuménisme*, Leuven-Paris-Bristol, Peeters, 2017, p. 633 et suivantes.

[7] *The Apostolicity of the Church. Study of the Lutheran-Roman Catholic Commission on Unity.* Published by the Lutheran World Federation and the Pontifical Council for Promoting Christian Unity. Minneapolis, Lutheran University Press, 2006. Ce document *Die Apostolizität der Kirche* a été publié en langue allemande en 2009 aux

conclusions sont remarquables. Il existe un réel rapprochement entre luthériens et catholiques à propos de l'apostolicité et de la succession apostolique. La tradition apostolique est, dans les deux traditions, toujours liée à une transmission personnelle de l'Évangile à travers les âges. La mission confiée par Christ et assumée par les apôtres est toujours une succession personnelle au sein d'une tradition particulière. Au sein de l'Église, diverses formes de cette succession sont à l'œuvre. Une place particulière revient à la communion des évêques qui peut à juste titre se revendiquer d'une institution divine[8]. Apostolicité, succession et communion sont à voir dans un lien étroit et inaliénable. Le document envisage que la reconnaissance unilatérale du ministère catholique par les luthériens puisse à présent être complétée par une reconnaissance catholique du ministère luthérien. En effet «l'Église catholique romaine reconnaît un véritable ministère dans la succession apostolique et des sacrements authentiques aussi dans certaines Églises dont les évêques ne sont pas en communion avec les évêques dont le successeur de Pierre est la tête[9]». Mais les catholiques n'en proposent pas pour autant une reconnaissance romaine du ministère luthérien. Parmi tous les textes issus des dialogues bilatéraux, ce document est probablement le texte ecclésiologique le plus abouti de ces dernières années. Le texte est remarquable car il montre comment on pourrait dépasser des écueils jusque-là considérés comme insurmontables.

En préparation de la commémoration de 2017, la même commission proposa finalement en 2013 un document majeur *Du Conflit à la communion* qui propose un état des lieux après 50 années de dialogue[10]. C'est sur la base de cette conclusion toute provisoire qu'est intervenue la célébration à Lund avec le pape François. Conscient des difficultés antérieures, ce dernier se garda de qualifier les communautés luthériennes d'Églises. La question dernière n'est pas seulement théologique, elle est aussi politique. La porte pour un consensus différenciant en ecclésiologie semble momentanément fermée. L'Église catholique romaine n'est pour l'heure pas en mesure d'affirmer que

éditions Bonifatius de Paderborn et Lembeck de Francfort. Il n'existe malheureusement pas en langue française.

[8] *The Apostolicity*, § 276.

[9] *The Apostolicity*, § 291.

[10] *Du conflit à la communion*. Traduction française éditée par Olivétan, Lyon en 2014. Le document initial en allemand a été traduit en une quinzaine de langues.

d'autres Églises peuvent, elles aussi, être des expressions authentiques de l'unique Église de Jésus-Christ.

Il en va différemment des Églises marquées par la Réforme. Dans ces traditions, la compréhension de l'Église n'est pas secondaire mais seconde. L'articulation entre le salut et l'Église y est vue d'une manière autre que dans la tradition romaine. Ainsi les luthériens, les réformés, les méthodistes et les anglicans de divers pays et continents se sont déclarés en communion ecclésiale sans avoir pour autant des structures ecclésiales, des compréhensions du ministère et des formes ministérielles identiques[11]. Un consensus différenciant en ecclésiologie relève pour eux de l'évidence car la compréhension de l'Église découle de celle du salut. Le salut est proposé aux individus à travers la prédication et les sacrements du baptême et du Repas du Seigneur. Christ y est réellement présent et déclare les récipiendaires enfants de Dieu. Simultanément les croyants sont insérés dans la communion des saints, l'Église. On ne saurait séparer salut individuel et insertion dans l'Église, cette dernière étant fréquemment appelée *mère des croyants*[12]. En résulte la compréhension de l'unité de l'Église: la condition nécessaire de l'unité est la communion dans la célébration de la Parole sous sa forme prêchée et sous sa forme sacramentelle. Cette condition est nécessaire et suffisante. En d'autres termes: si une autre communauté célèbre authentiquement parole et sacrements, cette communauté est

[11] Au niveau supranational, les déclarations de communion ecclésiale majeures sont:

- entre Églises luthériennes, Églises réformées et Églises unies: la *Concorde de Leuenberg* en Europe (1974), le *Formula of Agreement* aux USA (1997) et la *Déclaration d'Amman* au Moyen-Orient (2006).
- entre des Églises signataires de la Concorde de Leuenberg et les Églises méthodistes: la *Déclaration de Vienne* (1997). Une déclaration entre luthériens et méthodistes est en préparation aux USA.
- entre Églises luthériennes et Églises anglicanes: la *Déclaration de Porvoo* (1994) entre luthériens scandinaves et baltes d'une part, anglicans britanniques de l'autre; la déclaration *Called to common Mission* (1999) entre les Églises luthérienne et épiscopalienne des USA; la *Déclaration de Waterloo* entre ces mêmes Églises au Canada (2001). En Australie la déclaration entre luthériens et anglicans *A Common Ground* est en cours de signature.
- entre les Églises luthériennes, réformées et anglicanes: la *Déclaration de Meissen* (1991) entre les Églises protestantes allemandes et l'Église d'Angleterre et la *Déclaration de Reuilly* (2001) entre les Églises luthériennes et réformées françaises et les Églises anglicanes des Îles britanniques.

Tous ces textes se trouvent sur le CDRom, mentionné *supra*, à la note 1.

[12] J. CALVIN, *Institution de la Religion chrétienne*, Marne la Vallée - Aix-en-Provence, Farel - Kerygma, 1978. Livre IV, 1, 1.

véritablement Église de Jésus-Christ. En découle le fait que, dans cette communauté, le véritable ministère est présent, un ministère qui connaît des formes différentes selon les traditions, mais qui est le ministère que le Christ a donné à son Église. Comparée à l'approche catholique, pareille approche inverse l'articulation entre le salut et l'Église.

Toutes les Églises marquées par la Réforme et s'engageant dans cette démarche sont conscientes que la déclaration de la communion ecclésiale doit s'accompagner de la réalisation de la communion. La communion demande à devenir visible et concrète. Pour ce faire, ces déclarations ne manquent pas d'ajouter des engagements concrets qui vont de la poursuite du travail théologique commun à des services communs dans la société et à des réalisations locales concrètes. Mais c'est bien là que le bât blesse. Tout en ayant signé des déclarations, certaines Églises se contentent du *statu quo* et souhaitent que rien ne change. Le problème de l'autorité et de l'engagement loyal et réciproque au sein de la communion demeure le talon d'Achille de cette démarche, une critique que Rome ne manque pas de faire à ce propos.

De nouveaux défis

La vision de l'unité et les dialogues doctrinaux ont été au centre de la recherche œcuménique des 50 dernières années. Ces thèmes sont et demeurent centraux. La situation contemporaine interpelle cependant d'une nouvelle manière. De nouveaux défis apparaissent. Ils concernent des domaines forts divers qui vont d'une nécessaire meilleure contextualisation au dialogue avec les religions, de la sécularisation et la globalisation à une nouvelle manière de dire et de vivre l'Évangile. Nous mentionnons seulement deux thèmes, qui sont tous deux susceptibles de remettre en cause le travail œcuménique déjà accompli en provoquant de nouvelles divisions.

(1) Des questions éthiques sont au centre de maintes controverses au niveau mondial. Ces enjeux pèsent à la fois sur la communion au sein des familles ecclésiales particulières et sur les relations entre Églises. À la différence des siècles précédents, ces confrontations entraînent la rupture de la communion ecclésiale, l'impossibilité de toute célébration commune. Les fractures n'épousent pas toujours les

frontières traditionnelles entre les familles chrétiennes. Elles sont souvent transconfessionnelles et conduisent à des rapprochements inédits entre des groupes plus conservateurs et des courants plus libéraux issus de traditions ecclésiales diverses. Les thématiques sont nombreuses. Elles portent à la fois sur des questions concernant la vie et la sexualité (l'homosexualité, le divorce, le commencement et la fin de la vie, l'intervention sur les données génétiques, etc.) et des enjeux plus politiques (préservation de l'environnement, place des femmes, engagement dans la vie sociétale, discrimination ethnique, distribution des richesses etc.).

Les différentes Églises répondent de manières différentes voire contradictoires à ces questions éthiques. Par voie de conséquence, la communion ecclésiale et la communion dans la célébration du culte sont dénoncées et rompues, aussi au sein d'une même famille confessionnelle. Certaines attitudes éthiques déformeraient voire rendraient impossible la proclamation authentique de l'Évangile. Pareil jugement dépend de nombreux facteurs qui ne sont pas tous doctrinaux. Ce fait entraîne généralement l'échec de toute discussion exclusivement théologique.

Le débat à propos de ces enjeux éthiques et de leur éventuel caractère séparateur est conditionné par le fait que les Églises sont marquées par des cultures théologiques différentes (milieux, mentalités), aux points de départ différents, relevant d'autres méthodes, d'une autre approche des textes bibliques et poursuivant des buts différents. Les arguments portent généralement au sein d'une même culture mais pas toujours dans une culture autre. Ainsi, ceux qui argumentent à partir de leur culture théologique particulière ne peuvent souvent pas comprendre et ne sont nullement convaincus par les arguments des théologiens relevant du contexte d'une autre culture, et inversement. En résultent des discussions sans fin et des accusations réciproques, les autres étant qualifiés de «conservateurs», de «réactionnaires», de «fondamentalistes», ou inversement de «libéraux», d'«infidèles à la vérité biblique».

Le dialogue œcuménique à propos des doctrines de différentes Églises a mis en évidence des systèmes de pensée différents. Le dialogue à propos des enjeux éthiques devra, lui aussi, faire l'effort de traduire les conceptions des uns dans la manière de penser des autres. Il devrait avoir pour préalable que chacun considère l'autre comme voulant exprimer authentiquement le message évangélique. C'est bien là qu'est le problème. Car les protagonistes s'accusent mutuellement d'«hérésie éthique». La controverse ne peut pas et ne doit pas être évitée.

Dans ce champ les efforts œcuméniques sont pour l'heure balbutiants. La méthodologie classique des dialogues doctrinaux n'est guère applicable. Il est nécessaire de parvenir à une nouvelle manière de dialoguer. Créativité et innovation sont indispensables même si ces nouveaux dialogues conduisent aussi à d'anciennes controverses doctrinales comme par exemple la manière d'interpréter les Saintes Écritures et plus particulièrement l'herméneutique des exhortations morales qui y sont énoncées. Une recherche théologique fondamentale et commune est plus nécessaire que jamais.

(2) Un second défi majeur est l'émergence de nouvelles communautés chrétiennes qui interpelle l'auto-compréhension de toutes les Églises historiques. Dans les dernières décennies, de nouvelles Églises et communautés sont nées partout dans le monde. Elles suscitent un vif intérêt et connaissent des développements fulgurants. La croissance de ces mouvements, aussi au sein des entités ecclésiales traditionnelles, est telle que le nombre de leurs adhérents a depuis fort longtemps dépassé celui des chrétiens orthodoxes ou adhérents des familles historiquement marquées par la Réforme du XVIe siècle. En de nombreux pays leur nombre dépasse déjà celui des chrétiens catholiques et cette évolution s'amplifie de jour en jour.

De nombreux groupes se disent «pentecôtistes» sans pour autant relever des Églises pentecôtistes historiques nées au début du XXe siècle. Il serait préférable de parler de groupes «néo-pentecôtistes» qui ne s'accordent d'ailleurs nullement entre eux. D'autres Églises non-dénominationnelles naissent dans le contexte dit «évangélique». On ne saurait les confondre avec les Églises évangéliques libres historiques, une erreur malheureusement courante aussi dans les propos des sociologues. La croissance de ces communautés non-dénominationnelles est liée à certaines tendances sociétales plus générales. Les institutions perdent leur capacité à rassembler et bien des contemporains développent une aversion envers elles. S'y ajoute une perte généralisée des traditions liée à l'absence d'une conscience de l'histoire. Les Églises non-dénominationnelles sont l'expression de cette évolution. Beaucoup pensent pouvoir faire abstraction de l'histoire de l'Église et avoir un accès immédiat à l'Écriture Sainte et à l'époque apostolique. Les médiations historiques de l'Évangile – c'est-à-dire les appartenances confessionnelles – sont considérées comme superflues.

De nombreux croyants soucieux de vivre consciemment leur foi vivent déjà de manière non-dénominationnelle. Ils comprennent les liens confessionnels traditionnels comme des survivances du passé. Leur grand nombre est lié à un intérêt croissant pour un christianisme du réveil. Les expériences biographiques et les espaces de rencontre deviennent déterminants pour l'appartenance ecclésiale. À cela s'ajoute souvent l'appartenance ethnique. L'origine ethnique commune dans un pays d'adoption étranger fait lien entre maintes personnes. Le choix de l'appartenance à une communauté découle ainsi de l'expérience individuelle. Chacun se confectionne sa foi et son appartenance en tant que sujet autonome. Sujet autonome, chaque croyant rejoint le groupe qui répond le plus à ses aspirations. La piété et la spiritualité personnelles (y compris les émotions) sont déterminantes et remplacent de plus en plus souvent les identités antérieures. On finit par cohabiter pacifiquement tout en connaissant les approches différentes des divers membres de la communauté, approches différentes que la théologie traditionnelle continue à considérer comme séparatrices d'Églises. Cette situation est souvent caractérisée par une absence de souffrance face aux divisions héritées de l'histoire. Certaines situations particulières comme la non-participation à une eucharistie commune étaient par le passé un lieu de souffrance. Cette situation évolue rapidement et devient toute relative. La question de savoir si l'on peut partager ensemble la Parole et le Repas du Seigneur se pose en d'autres termes que dans le dialogue œcuménique habituel. La donnée décisive est la piété vécue. Les vieilles questions théologiquement controversées ont perdu leur sens.

Ces développements défient la recherche théologique et en particulier toute démarche œcuménique classique. Bien des communautés nouvelles n'éprouvent pas le besoin de dépasser leur situation locale. Se comprendre comme communion ecclésiale mondiale et soigner les relations œcuméniques n'est pas leur préoccupation majeure. D'un point de vue théologique, on peut parler de l'absence du souci de catholicité. Aussi les Églises traditionnelles peinent-elles à trouver des partenaires adéquats pour entrer en dialogue. Il existe certes différents dialogues comme celui que l'Église catholique s'efforce d'engager avec les évangéliques. Mais ces derniers sont pour l'heure des représentants des Églises évangéliques historiques qui n'ont que peu de points communs avec ces nouveaux «évangéliques» pour lesquels on utilise à tort ce même qualificatif. Il est urgent de trouver de nouveaux chemins pour entrer en communication avec ces groupes et ouvrir le dialogue si nécessaire à toutes les Églises.

*

* *

On peut résumer le débat œcuménique en parlant du défi de la catholicité que doivent relever toutes les Églises, tant dans les débats doctrinaux classiques que face aux nouvelles évolutions sociétales. La notion de catholicité, qui n'est pas biblique mais qui apparaît dans le travail missionnaire des Églises anciennes fondant de nouvelles communautés, est délicate à définir. On peut l'approcher en évoquant le livre catholique par excellence, la Bible.

Le canon biblique retient les lettres de Paul écrites à une seule paroisse mais lues ailleurs et finalement reçues comme Parole de Dieu par tous. Une missive écrite à une seule communauté est comprise comme catholique, comme valant pour tous. Une seconde dimension de la catholicité biblique consiste dans les récits des quatre évangiles. Ils sont très différents dans leur témoignage. Tout essai de les fondre en un seul texte a échoué dès la fixation du canon. La même Parole de Dieu peut être dite de différentes manières. À cela s'ajoutent, dans le canon biblique, les épîtres catholiques adressées à toutes les Églises et écrites par des apôtres, des ministres charismatiques dont l'autorité et donc la parole sont reconnues par tous. La catholicité proclame un kérygme unique et s'y réfère. Une Parole dite dans un certain contexte, et qui n'est pas directement adressée à une Église, vaut aussi pour cette dernière. Les différents témoignages des quatre évangiles expriment une capacité de relativiser une affirmation par rapport à un ensemble. Pareille relativisation entraîne un pouvoir d'intégration de l'ensemble et inversement. Il ne s'agit pas pour autant de céder au relativisme en tolérant tout et n'importe quoi.

L'unité de l'Église et la catholicité vécue se conditionnent mutuellement. La recherche d'une unité visible exige une prise de conscience croissante de la catholicité. Les Églises ne peuvent y correspondre que partiellement et en lien avec leur contexte. L'œcuménisme, comme échange de dons et d'incitations entre les Églises, a une importance particulière. La catholicité est réalisée dans cet échange de dons. La catholicité est une unité qui oblige et une unité dans une légitime diversité. La catholicité est l'«être Église ensemble» par-delà toutes les barrières confessionnelles, ethniques, linguistiques et nationales (cf. Ga 3, 28). Seules la conscience de la catholicité et sa réalisation dans les Églises donnent aux efforts œcuméniques leur sens véritable. Une dimension importante de la catholicité est réalité là où une déclaration de communion entre des Églises est intervenue. Cette communion doit être consolidée et approfondie. La catholicité authentique ne saurait se contenter d'une cohabitation pacifique de groupes et de communautés ecclésiales. La coexistence pacifique et la préservation du *statu quo* représentent un véritable danger, aussi au vu de l'éclatement croissant du christianisme en de nombreuses nouvelles communautés. Les Églises traditionnelles doivent relever ce défi.

André BIRMELÉ

«Réponse»

Contrepoint catholique

La participation du pape François à la célébration de Lund le 31 octobre 2016, en ouverture de la commémoration du 500e anniversaire de la Réforme, est un geste majeur, fruit remarquable du dialogue luthéro-catholique lancé au lendemain du concile Vatican II. À côté de cette avancée décisive, et de bien d'autres, sur le chemin de l'unité, il y a malheureusement aussi bien des contre-exemples, des réaffirmations identitaires et des raidissements confessionnels. Je partage pleinement le diagnostic d'André Birmelé sur la situation complexe et contrastée de l'œcuménisme aujourd'hui.

J'estime aussi très représentatifs les trois axes qu'il a retenus pour caractériser le tableau œcuménique: une vision fondamentale, commune aux Églises occidentales, de l'unité ecclésiale à atteindre; des dialogues théologiques et des déclarations de communion; de nouveaux défis. Je les reprends sous une forme un peu différente, et en me limitant strictement au dialogue catholique-luthérien.

Un accord sur le salut, des désaccords sur le rapport salut-Église

Concernant la vision fondamentale de l'unité ecclésiale, je pense aussi que les Églises historiques d'Occident sont d'accord pour reconnaître que l'unité, note essentielle de l'Église, est un don du Dieu trinitaire, nourrie par la Parole et les sacrements, au service desquels a été institué le ministère dans l'Église, et par le fait même que la division des Églises est une «hérésie» à surmonter.

Je ne suis cependant pas sûr que toutes les Églises historiques d'Occident partagent la même vision de la communion des Églises à atteindre comme une unité dans la diversité réconciliée. Je le dis d'abord, à mon grand regret, pour des secteurs importants du catholicisme actuel: cinquante ans de réception (insuffisante en tout cas) du concile Vatican II n'ont pas permis de sortir définitivement de la compréhension de l'œcuménisme comme un retour à l'unité (la seule) de l'Église catholique romaine, le ministère du pape y étant conçu comme la clé de voûte de ce système organique et unitaire catholique. On comprend que, dans cette vision, la différence n'ait sa place que si elle est strictement intégrée et soumise au ministère papal. Ce système ecclésiologique, qui ne fait guère de place à la liberté de l'Esprit Saint, est intenable, dans son organicité close et monarchique, au regard du renouveau ecclésiologique consacré durant les assises conciliaires de 1962-1965.

L'unité des Églises chrétiennes est à penser comme une communion dans une riche diversité, mais une diversité dont la légitimité est vérifiée par le dialogue théologique, et réconciliée si elle avait un caractère séparateur. Le problème est que certains catholiques ont encore (ou de nouveau) une vision assez monolithique de l'unité et ont beaucoup de mal à la penser comme une (comm)union diversifiée, ou à allier unité et différence. La catholicité (qualitative) est un autre nom de cette diversité dans l'unité.

C'est la raison pour laquelle le consensus différencié (différenciant, préfère dire A. Birmelé), qui a rendu possible la *Déclaration commune sur la doctrine de la justification* de 1997/1999, a tant de mal à être accepté comme méthode d'unité et de communion par des secteurs assez importants du catholicisme et, pour d'autres raisons, par certains protestants (même luthériens). Il me semble pourtant que c'est la seule voie possible, quelles que soient les améliorations que l'on puisse lui apporter, pour atteindre une communion entre Églises dans le respect des différences légitimes des traditions chrétiennes, des différences liées aux contextes historiques et culturels où s'est pensée et exprimée la foi. Si l'on distingue «contenu» de la confession de foi et «formes» ou «expressions» de celle-ci, une même foi fondamentale – ou un consensus fondamental dans la foi – peut être compatible avec des expressions et accentuations différentes de cette même foi, dans la mesure où ces différences sont (sup)portées par ce consensus fondamental et, grâce à celui-ci, rendues non exclusives l'une de l'autre: elles cessent alors d'être séparatrices et peuvent être reconnues comme des expressions différenciées d'une foi commune. C'est ce consensus différencié ou différenciant qu'il s'agit de vérifier par un dialogue théologique exigeant.

En complément des pages très justes de la première partie de l'article sur l'orientation et la méthodologie œcuméniques aujourd'hui, sur les dialogues et les déclarations de communion déjà atteintes, je voudrais souligner certaines avancées déjà accomplies et encore à approfondir dans le dialogue catholique-luthérien depuis la signature de la *Déclaration sur la justification* en 1999. Depuis celle-ci, relève encore à raison mon collègue luthérien, le fondement de tout futur dialogue est désormais un accord ou un consensus dans la compréhension du salut, et non plus un constat de divergences. Il y a consensus dans la compréhension du salut de chaque personne individuelle, mais qu'en est-il de l'articulation entre le salut et l'Église? Les approches catholique et luthérienne semblent ici symétriquement inversées.

Apparemment, et momentanément, espérons-le, la porte pour un consensus différencié (différenciant) en ecclésiologie reste fermée. L'Église catholique romaine n'est pas encore en mesure de reconnaître officiellement dans les Églises de la Réforme des expressions authentiques de l'unique Église du Christ.

Inversement, pour les Églises de la Réforme, là où le salut est proposé aux individus par la prédication authentique de l'Évangile et la célébration authentique des sacrements du baptême et de la Cène, ces croyants sont insérés dans la communion des saints, dans l'unité de la véritable Église de Jésus-Christ, où un véritable ministère est présent, donné par le Christ à son Église. C'est donc le salut en Christ, à travers les moyens de salut que sont la prédication et les sacrements, qui engendre la communion des saints, l'Église dans son unité, quelles que soient les différences, voire divergences, de compréhension et de formes du ministère entre Églises de la Réforme. En revanche, selon une ecclésiologie catholique assez répandue, c'est la «validité» du ministère en dernier ressort, et par conséquent des sacrements, qui conditionne l'authenticité ecclésiale[13], et par là la possibilité d'y recevoir le salut[14]. Dans cette perspective catholique, l'Église n'est pas seulement engendrée par le salut en Christ, elle est aussi associée par grâce à la communication de ce salut: l'Église est certes toujours seconde par rapport au Christ, mais intimement unie à lui comme son Corps, «lieu» de la réception du salut. Dans une perspective

[13] *U(nitatis) R(edintegratio)* 22C est symptomatique de cette séquence, même si ce passage conciliaire doit être interprété de manière très précise et nuancée (voir aussi *UR* 15C à propos des Églises orientales).

[14] Cette compréhension étroite de *l'extra Ecclesiam, nulla salus* n'a pas disparu, malgré toutes les nuances et ouvertures du concile Vatican II: *L(umen) G(entium)* 14, *UR* 3, *G(audium et) S(pes)* 22E…

protestante, l'accent est mis très fortement sur le fait que l'Église est la bénéficiaire (purement passive) du salut en Christ, purement créée par celui-ci.

L'asymétrie (d'accent?) concernant le rapport salut-Église est patente entre catholiques et luthériens. Certaines avancées peuvent-elles être enregistrées quant à la prise au sérieux de cette asymétrie, voire son acceptation grâce à un consensus différencié (différenciant) éprouvé? C'est en ce sens que je voudrais mettre en exergue certains passages du document catholique-luthérien *Du conflit à la communion*, rédigé en vue de la commémoration de 2017[15], et d'un document luthéro-catholique finlandais plus récent, *Communion en croissance*[16].

Deux exemples d'avancée par le dialogue théologique

Je voudrais d'abord mettre en exergue ce que le dernier rapport de la Commission internationale luthéro-catholique, *Du conflit à la communion*, propose comme perspective d'avenir sur cette question fondamentale du rapport salut-Église[17].

Après avoir réfléchi sur ce que signifie «Commémorer la Réforme au temps de l'œcuménisme et de la mondialisation» (chapitre I), après avoir enregistré les «nouveaux points de vue sur Martin Luther et la Réforme» (chapitre II) et avoir proposé une «esquisse historique de la Réforme luthérienne et de la réaction catholique» (chapitre III), le document relit les «thèmes principaux de la théologie de Martin Luther à la lumière des dialogues luthéro-catholiques» (chapitre IV) et invite à une commémoration commune de la Réforme (chapitre V), en concluant par «cinq impératifs œcuméniques» (chapitre VI). La question de l'Église est traitée au chapitre IV à la suite de la justification, de l'eucharistie, du ministère et du rapport Écriture-tradition.

[15] *Du conflit à la communion. Commémoration luthéro-catholique commune de la Réforme en 2017. Rapport de la Commission luthéro-catholique romaine sur l'unité*, Lyon, Éditions Olivétan, 2014 (première édition en anglais et en allemand en 2013).

[16] *Communion in Growth. Declaration on the Church, Eucharist, and Ministry. A Report from the Lutheran-Catholic Dialogue Commission for Finland*, Helsinki, Evangelical Lutheran Church of Finland, Catholic Church in Finland, 2017.

[17] Cf. *Du conflit à la communion*, p. 88-90 («Perspectives d'avenir: l'Évangile et l'Église»).

Le document synthétise d'abord les acquis du dialogue œcuménique sur l'Église. Grâce au rapport de Malte («L'Évangile et l'Église», 1971) et aux documents qui ont suivi, «il est aujourd'hui possible de mieux comprendre les positions luthériennes et catholiques et d'identifier à la fois les compréhensions communes et les questions qui doivent encore être discutées» (n° 212)[18]. D'un point de vue luthérien, «l'Église est comprise comme 'l'assemblée des saints dans laquelle l'Évangile est enseigné dans sa pureté et les sacrements sont administrés dans les règles' (*Confession d'Augsbourg* VII)» (n° 213). Il s'agit de l'assemblée locale, mais incluant la dimension de l'Église universelle, car chaque assemblée locale est reliée aux autres par l'enseignement et les sacrements, au service desquels est institué le ministère. Il ne faudrait pas oublier non plus que «Luther, dans son *Grand Catéchisme*, appelait l'Église 'la mère qui enfante et qui porte tout chrétien par la Parole divine que lui-même [l'Esprit Saint] révèle et enseigne (…); il se sert d'elle pour prêcher et inculquer la Parole'» (n° 213). Dans une perspective catholique, le rôle de l'Église dans l'histoire du salut est compris en termes de sacramentalité: «L'Église est, dans le Christ, en quelque sorte le sacrement, c'est à dire le signe et l'instrument de l'union intime avec Dieu et de l'unité de tout le genre humain» (*LG* 1)[19]. Le concept de Mystère est particulièrement approprié pour tenir ensemble, de manière inséparable, les aspects visible et invisible de l'Église, l'assemblée perceptible par la vue et la communauté spirituelle (cf. *LG* 8).

Sur cette base, la Commission luthéro-catholique estime de manière encourageante que les deux Églises sont en route vers un consensus global. En effet, un consensus clair a déjà été mis au jour: «la doctrine de la justification et la doctrine de l'Église vont de pair» (n° 216). Salut et Église sont liés. C'est ce qu'avait déjà pu affirmer, il y a vingt-cinq ans, le remarquable accord, «Église et justification. La compréhension de l'Église à la lumière de la doctrine de la justification – 1993»: «"(Catholiques et luthériens) disent ensemble dans la confession de foi: nous croyons 'à l'Église une, sainte, catholique/universelle et apostolique'. La justification du pécheur et l'Église sont des articles de foi fondamentaux" (*Église et justification* § 4)»

[18] Quand je cite *Du conflit à la communion*, j'indique entre parenthèses le paragraphe de référence.
[19] *Du conflit à la communion* (n° 214), p. 89.

(n° 216). Plus exactement, précise cet accord, «“notre foi [au Père, au Christ et au Saint-Esprit] s’étend à la justification et l’Église comme œuvres du Dieu-Trinité, qui ne peuvent être reçues comme il faut que par la foi en Lui” (*Église et Justification* § 5)» (n° 217). À partir de ces avancées et clarifications remarquables, il faut cependant approfondir le dialogue sur les questions suivantes: «la relation entre visibilité et invisibilité de l’Église, la relation entre l’Église universelle et l’Église locale, l’Église comme sacrement, la nécessité de l’ordination sacramentelle dans la vie de l’Église, et le caractère sacramentel de la consécration épiscopale» (n° 218).

Sans pouvoir aller plus loin, ce n’était pas son objectif, *Du conflit à la communion* rappelle néanmoins une conviction qui devrait être commune à tous les chrétiens et est encore trop peu explorée en œcuménisme, à savoir le lien strict entre baptême et (appartenance à l’) Église: «L’Église est le Corps du Christ. Comme il n’y a qu’un seul Christ, il n’y a donc qu’un seul corps. Par le baptême, les êtres humains deviennent membres de ce corps» (chap. V, n° 219). C’est pourquoi, convaincus d’appartenir au Corps unique du Christ, «les luthériens insistent sur le fait que leur Église ne tire pas son existence de la Réforme, n’est pas née il y a seulement 500 ans. (…) c’est à travers l’effort et l’enseignement des réformateurs que leurs Églises ont acquis leur forme particulière. (…) Ils voulaient réformer l’Église, et ils ont réussi à le faire dans les limites de leur domaine d’influence, malgré des erreurs et des faux-pas» (n° 222).

Suite à ce rapport de synthèse, qui ne manque pas d’ouvrir des perspectives, voyons à présent si le tout récent document d’une commission luthéro-catholique nationale, celle de Finlande, «Communion en croissance», va plus loin actuellement[20].

Ce qui me semble tout à fait significatif et neuf dans ce document, c’est qu’il vise à atteindre un *consensus différencié* sur toutes les grandes questions encore disputées entre les deux confessions chrétiennes (Église, eucharistie et ministère) et ce, sur la base des accords antérieurs, notamment la *Déclaration commune sur la doctrine de la justification* de 1999. Nous nous limitons ici à la question de l’Église, sujet de dissension partielle entre luthériens et catholiques.

[20] *Communion in Growth*, cf. *supra*, note 16.

Relevons d'abord le consensus fondamental sur ce sujet et, parmi les points essentiels qu'il comporte[21], l'accord sur la nature sacramentelle de l'Église: «À travers son ministère de service et proclamation de l'Évangile, (l'Église) est orientée vers la réalité du royaume comme un signe et instrument sacramentel de salut par la présence continuée du Christ»[22]. Lorsque l'on sait la réticence des luthériens à qualifier l'Église comme sacrement, par crainte d'en faire une source autonome du salut et de la grâce par rapport au Christ, on ne peut que saluer l'avancée du texte finlandais. Il continue d'ailleurs en levant la dichotomie entre l'Église-*creatura verbi* et l'Église-*sacramentum salutis mundi*, entre l'Église-*congregatio fidelium* et l'Église-*communio sanctorum*. Il n'y a plus de contradiction entre «l'Église de la parole» et «l'Église du sacrement». L'Église n'est pas un sacrement supplémentaire, mais la structure sacramentelle où s'insèrent les autres sacrements. «Christ lui-même est présent et actif dans l'Église. Par conséquent, d'une manière mystérieuse, elle est un signe efficace (*effective*), quelque chose qui par grâce réalise (*effects*) ce qu'il signifie»[23]. Ce document me paraît donner une interprétation légitime et tout à fait correcte du premier paragraphe de la Constitution dogmatique sur l'Église de Vatican II, resté longtemps un sujet, sinon de dissension, du moins de malentendu entre catholiques et luthériens (comme d'ailleurs entre catholiques eux-mêmes au moment du concile): «L'Église étant, dans le Christ (*in Christo*), en quelque sorte (*veluti*) le sacrement, c'est-à-dire (*seu*) à la fois le signe et le moyen (*instrumentum*) de l'union intime avec Dieu et de l'unité de tout le genre humain,…»[24]. On peut parler d'un réel progrès dans la compréhension mutuelle entre luthériens et catholiques, dans la mesure où cet accord national sera reçu au plan international.

La Déclaration précise d'ailleurs encore en quel sens l'Église est un sacrement. En un sens large, elle est «un sacrement dans lequel la dimension transcendante est indissolublement reliée (*inseparably connected*) à la réalité créée». La dimension divine invisible de

[21] Fondement trinitaire de l'Église une, sainte, catholique et apostolique; sa mission universelle dans le monde; union salvifique des fidèles avec le Christ, par les sacrements, dans le corps ecclésial.

[22] *Communion in Growth*, 307 (le numéro indique le paragraphe de la Déclaration). La traduction française est mienne.

[23] *Communion in Growth*, 308.

[24] Texte latin et traduction française de *Concile œcuménique Vatican II*, Paris, Centurion, 1967, p. 13.

l'Église «est à l'œuvre dans et à travers les réalités historiques et humaines visibles», de manière analogue aux natures humaine et divine dans l'unique personne du Christ. Les principaux éléments visibles de l'Église, qui sont des moyens de la grâce salvifique de Dieu, sont «les Saintes Écritures, l'enseignement des apôtres, les sacrements et le ministère divinement institué (*the divinely instituted ministry*)»[25]. Il me semble que l'on atteint ici une clarification nouvelle concernant l'articulation des dimensions invisible et visible de l'Église sur le mode (analogique) de l'Incarnation. D'une certaine façon, est également solidaire de cette clarification la compréhension commune du ministère ici présentée. À titre purement exemplatif, je considère seulement le ministère épiscopal, en me limitant en outre à quelques aspects où des avancées peuvent être notées.

À la faveur d'un long développement (biblique, historique, systématique) sur le ministère[26], la Déclaration peut, sur certains points, faire progresser le dialogue catholique-luthérien dans le sens d'un consensus différencié. Ainsi, de manière plus nette peut-être que dans les documents du dialogue international, luthériens et catholiques affirment-ils ensemble que «l'apostolicité de l'Église a sa source dans le Seigneur vivant et présent (perspective sacramentelle) et est rendue concrète à travers sa continuité historique dans les structures durables de l'Église apostolique (perspective historique)»[27]. Si, du côté catholique, l'épiscopat est «un service nécessaire de l'Évangile, qui est lui-même nécessaire au salut» (*Église et Justification* § 196), «la succession comme signe, indiquée dans la succession épiscopale historique», est, du point de vue luthérien, «une nécessité avant-dernière (*penultimate*) et ne garantit pas par elle-même la fidélité d'une Église à chaque aspect de la foi, de la vie et de la mission apostoliques», car la garantie ultime de la continuité apostolique au sein de l'Église est la promesse du Seigneur et la présence de l'Esprit. À la suite de la Confession d'Augsbourg, la Déclaration rappelle aussi que les Églises «sont tenues par loi divine d'être obéissantes aux évêques» par respect pour le mandat (*commission*) qui est le leur. Le document estime dès lors pouvoir conclure: «Il y a un consensus et une convergence signifiants sur la compréhension de la nature de la succession apostolique

[25] *Communion in Growth*, 309.
[26] *Communion in Growth*, 167-305 (p. 74-130).
[27] *Communion in Growth*, 339.

au sein de la sacramentalité de l'Église. Les différences restantes n'apparaissent pas comme ecclésialement séparatrices (*Church-dividing*)»[28]. Catholiques et luthériens sont ainsi d'accord pour affirmer également: «L'ordination d'un évêque dans la succession historique et apostolique à travers l'imposition des mains est une partie constitutive (*constituent*) et une expression de l'apostolicité de l'Église. Cette tradition apostolique contient de nombreux éléments dans lesquels les perspectives sacramentelles et historiques se complètent»[29].

De nombreux autres passages de la Déclaration finlandaise, tendant au consensus différencié, pourraient être mis en évidence. Ceux-ci l'ont été pour souligner la nécessité et l'efficacité des dialogues théologiques. Ces derniers, cependant, sont confrontés à de sérieux défis.

Nouveaux défis

Avant de revenir sur les nouveaux défis indiqués à juste titre par A. Birmelé, je voudrais opérer une distinction (de pure commodité) entre défis *ad intra* et défis *ad extra* affrontés aujourd'hui par l'œcuménisme, tout en sachant que *l'ad intra* et *l'ad extra* sont solidaires en ecclésiologie.

Par défis *ad intra*, je désigne ceux qui viennent des Églises elles-mêmes et qui concernent la foi chrétienne proprement dite. Par défis *ad extra*, j'entends ceux qui viennent plutôt de notre monde et de ses évolutions culturelles (même si bien sûr les Églises y participent). Je placerais ici les questions éthiques pointées par mon confrère luthérien, de même que l'émergence de nouvelles communautés chrétiennes qu'il évoque (je m'en expliquerai).

D'un point de vue interne à l'œcuménisme classique, un premier grand défi reste la réception en profondeur des nombreux acquis des dialogues théologiques (et autres) par le peuple chrétien dans son ensemble, ce qui suppose aussi une stratégie d'Église pour favoriser cette réception à la fois doctrinale et spirituelle. Un second grand défi *ad intra* est, pour une part, conditionné par le premier: la réception officielle des résultats des dialogues par les autorités des différentes

[28] Cf. *Communion in Growth*, 236-237.
[29] *Communion in Growth*, 345.

Églises. Sur ce point, je suis très sensible aux remarques averties d'A. Birmelé. Les excellents dialogues qui ont été menés depuis cinquante ans n'ont pas, comme tels, à être refaits ou repris sur de nouvelles bases: ils aboutiraient sensiblement aux mêmes conclusions. Les conclusions de ces dialogues n'ont pas non plus à être simplement approuvées par les autorités ecclésiales. À chacun son rôle: aux théologiens, la réflexion théologique; aux pasteurs, les décisions qui engagent leurs Églises. Ainsi les autorités ecclésiales sont-elles plutôt appelées, sur la base du fondement théologique que représentent les dialogues et au-delà de cet accord théologique, à faire un pas de plus en vue de la communion visible entre Églises. Ce qui manque souvent aujourd'hui, ce ne sont pas les accords théologiques, c'est la volonté ou décision ecclésiale d'aller plus loin sur cette base. Cette volonté des autorités ecclésiales doit cependant pouvoir compter sur une réception suffisante des rapprochements œcuméniques (doctrinaux, pratiques, spirituels) par le peuple chrétien si elle veut prévenir de nouvelles divisions à l'intérieur des Églises, car l'ignorance en cette matière et les raidissements identitaires n'ont pas disparu ou ont réapparu en leur sein.

Les dialogues théologiques, tout particulièrement, restent essentiels et doivent continuer à fonder des déclarations de communion à décider par les Églises.

Apparaissent néanmoins de nouveaux défis, plutôt *ad extra*, qui, précisément, ne peuvent pas être abordés de manière exclusivement théologique et qui peuvent remettre en cause les accords théologiques obtenus, en créant de nouvelles divisions. Je reprends les deux exemples choisis par mon collègue strasbourgeois, car ils sont particulièrement représentatifs de la situation œcuménique actuelle: les questions éthiques et l'émergence de nouvelles communautés chrétiennes.

Les questions éthiques susceptibles de provoquer des divisions concernent notamment la bioéthique et la sexualité (homosexualité, commencement et fin de vie…), mais pas exclusivement. Elles divisent non seulement les Églises entre elles, mais chaque Église en elle-même, et vont, dans certains cas, jusqu'à des ruptures de communion interne et l'impossibilité de célébration commune (pensons à la Communion anglicane sur la question de l'ordination épiscopale d'une personne homosexuelle). Dans ce débat, certaines positions éthiques sont considérées comme portant atteinte à l'authenticité de la proclamation de l'Évangile. Or, observe A. Birmelé avec justesse, ce type de jugement dépend de nombreux facteurs qui ne sont pas tous doctrinaux. On ne peut donc dans ce cas se contenter d'un dialogue théologique. Car ce sont aussi des facteurs de type psychologique et culturel qui jouent, et rapprochent d'ailleurs des chrétiens par-delà les frontières confessionnelles: être conservateur (voire fondamentaliste) ou au contraire libéral, en fonction de milieux et de formations théologiques différents... Bien des éléments non directement doctrinaux peuvent donc parasiter la réflexion sur un agir en cohérence avec la foi chrétienne, d'autant plus que les questions sont tout à fait nouvelles. Plus encore que dans les dialogues sur la doctrine de la foi comme telle, où l'on a déjà été amené à reconnaître des systèmes ou des formes de pensée (*Denkform*) différents selon les confessions, il faudra, pour les questions éthiques, être attentif aux morphologies chrétiennes (culturelles, spirituelles, théologiques, exégétiques...) différentes et trouver des voies nouvelles pour les faire communiquer entre elles: comment traduire les conceptions des uns dans la manière de penser des autres, avec le préjugé favorable que chacun veut être fidèle à la Parole de Dieu? Comment interpréter les exhortations morales formulées dans les Écritures? J'en conviens parfaitement, c'est à une recherche commune sur la manière même de faire de la théologie appliquée aux questions éthiques qu'il faut désormais s'atteler, au-delà du travail passé sur des points particuliers de doctrine, souvent objets des controverses traditionnelles.

Le second défi *ad extra*, qui est loin d'être sans rapport avec le précédent, concerne l'émergence de nouvelles communautés chrétiennes (néo-pentecôtistes, néo-évangéliques). Pourquoi parler d'un défi externe alors que ces communautés émergent du tronc commun chrétien? Ce phénomène, s'il a partie liée avec le christianisme, est aussi particulièrement en consonance avec la mondialisation ou la globalisation: c'est le temps de la religion sans culture ou de la déculturation, diagnostiquait Olivier Roy dans son livre *La Sainte Ignorance*[30]. Du fait qu'elles ne se lient à aucune culture particulière, ces nouvelles communautés chrétiennes (comme d'autres non chrétiennes) connaissent un succès fulgurant en proposant des «produits» religieux standardisés par et pour la consommation mondiale. En connivence avec la mondialisation actuelle, ces nouvelles communautés sont aussi

[30] Paris, Seuil, 2008.

dans une certaine rupture avec la tradition chrétienne: la foi chrétienne semble commencer avec l'expérience spirituelle individuelle ou la conversion/renaissance personnelle de leurs membres (*born again*), et se concentrer dans leur propre communauté locale, souvent en désaccord avec les autres communautés du même type. Cette manière d'être chrétien interpelle radicalement la manière de se comprendre des Églises traditionnelles. Selon l'analyse pertinente de l'œcuméniste de Strasbourg, ces nouvelles communautés bénéficient des tendances culturelles et sociétales de désaffection vis-à-vis des institutions. De même, comme je l'ai déjà signalé, elles sont marquées par la perte des traditions, liée à une absence de sens de l'histoire et des inévitables médiations historiques: ces communautés croient avoir un accès immédiat au sens des Écritures apostoliques, en outre en dehors de toute tradition (confessionnelle) particulière d'interprétation. Les divisions héritées de l'histoire ne sont plus une source de souffrance, pas plus que l'absence de célébration commune de l'eucharistie. Le critère décisif n'est plus doctrinal, mais spirituel: ce qui est en jeu, c'est la piété, l'émotion spirituelle vécue.

Cette évolution très individualiste et «congrégationnelle» (à l'échelle locale) du christianisme désarçonne la démarche œcuménique classique: où est ici le souci de la catholicité et de l'universalité ecclésiales? Comment dès lors entrer en dialogue, et il y a urgence, avec ces groupes néo-évangéliques et néo-pentecôtistes? Si ces groupes peuvent apporter un réveil (*revival*) et un renouveau spirituel (missionnaire) aux Églises historiques ou traditionnelles, comment les éveiller, eux, au sens anthropologique et théologique des traditions chrétiennes et de l'historicité? Ici aussi, un patient dialogue, inventif, doit se mettre en place, où chaque partenaire accepte de recevoir de l'autre en misant sur sa sincérité chrétienne foncière.

Conclusion

Unité et/ou pluralité de l'être, telle est la grande question métaphysique qui traverse toute l'histoire de la philosophie occidentale depuis les Présocratiques, depuis Parménide et Héraclite. Cette même question, ontologique et anthropologique, persiste en régime chrétien et est au cœur de la problématique œcuménique: comment articuler théologiquement unité et pluralité? Qu'est-ce qu'une diversité légitime, non séparatrice, qu'elle soit doctrinale, sacramentelle, ministérielle, liturgique ou éthique? Qu'est-ce donc qu'une communion diversifiée ou une unité plurielle[31], et quels en sont les critères? Telle est la passionnante question qu'il nous faut traiter sans cesse à nouveaux frais en théologiens chrétiens. Elle ne trouvera pas de solution définitive dans l'histoire humaine, mais elle est à travailler sans relâche entre Églises, entre traditions chrétiennes différentes, de manière à anticiper déjà certaines réalisations provisoires d'unités ou communions diversifiées visibles. Mais même si une communion diversifiée visible ne peut s'instaurer entre certaines Églises au cours de l'histoire, il est capital, à mes yeux, que le dialogue œcuménique reste intense entre elles, non seulement au plan spirituel (conversion, prière commune) ou pratique (*Life and Work*), mais aussi au plan proprement doctrinal (*Faith and Order*). Il y va de la catholicité (ici l'ouverture à l'autre chrétien et à son expérience propre) ou de la vive authenticité chrétienne de la théologie, mais aussi des Églises. L'autre tradition chrétienne ouvre la mienne à d'autres dimensions et accentuations de la foi chrétienne, et l'empêche de se refermer étroitement sur elle-même en ignorant d'autres manières authentiques d'être chrétien. Cet enrichissement mutuel, qui parfois prend la forme d'une exigeante correction fraternelle au nom de l'Évangile, avive la catholicité de toutes les Églises en dialogue, de leur théologie notamment. Cet «avivage» de la catholicité des Églises est plus nécessaire que jamais devant le risque croissant de morcellement du christianisme avec l'émergence de multiples communautés nouvelles.

Joseph FAMERÉE

[31] Je renvoie à la réflexion philosophique de P.-J. LABARRIÈRE, *L'Unité plurielle. Éloge* (Présence et Pensée, 29), Paris, Aubier-Montaigne, 1975, et au grand œcuméniste catholique Y. CONGAR, *Diversités et communion. Dossier historique et conclusion théologique* (Cogitatio Fidei, 112), Paris, Cerf, 1982.

Qu'est-ce qu'un sujet luthérien?

La question de l'être humain, on le sait, est au cœur de la pensée de Luther. En témoigne par exemple la *Disputatio de homine* (1536) qui, restée longtemps inaperçue, peut être considérée comme un texte majeur de la théologie luthérienne[1]. Qu'est-ce qu'un sujet? Qu'est-ce qui le caractérise? Qu'est-ce qu'exister *vraiment* comme sujet? Bien entendu, Luther n'aborde pas ces questions en dehors d'une tradition philosophique et théologique dont il dépend, qu'il poursuit, dont il se démarque aussi, avec laquelle il rompt parfois. Il donne pourtant au problème de la subjectivité une tournure particulière et une nouvelle formalisation. On dit ici: «sujet». En tant que tel, le terme n'est évidemment pas utilisé par Luther. Dans le latin qui sert alors de langue de communication et de langue savante, Luther parle de l'humain (*humanus*), de l'homme (*homo*) ou encore de la personne (*persona*). Il reprend également la tripartition classique du corps, de l'âme et de l'esprit qu'il délaisse ensuite au profit d'une dualité simple de l'âme et du corps. L'âme, identifiée à l'esprit, est alors interprétée dans le sens hébraïque de *nefesh*, c'est-à-dire le cœur de l'être humain, son centre, ce qui l'anime de manière décisive et donc ce qui le qualifie justement en tant que «sujet». Luther écrit par exemple à propos du Magnificat: «Mon âme "exulte", cela veut dire: toute ma vie et mon activité»[2]. Et ailleurs, commentant le Psaume 2, il interprète l'âme comme «cœur», non dans un sens sentimental, mais en tant qu'il concentre la totalité de l'humain: «Pour les Allemands le terme "cœur" s'identifie généralement avec ce que l'hébreu appelle "esprit". Ce que nous désignons en latin par "âme, intelligence (*intellectum*), volonté, sentiment" est rendu chez les Allemands par le terme "cœur"»[3].

[1] M. LUTHER, *De homine* (1536), traduit par P. BÜHLER dans «La "Dispute au sujet de l'être humain" de Luther, hier et aujourd'hui», dans *Études Théologiques et Religieuses,* 69, 1994, p. 529-548; trad. du *De homine*, p. 531-534.

[2] M. LUTHER, «Commentaire sur le Magnificat» (1521), cité d'après M. LIENHARD, *Martin Luther. La passion de Dieu*, Paris, Bayard, 1999, p. 208.

[3] *Ibid.*, p. 209. Marc Lienhard note: «Au fur et à mesure qu'il commente le Magnificat, Luther met de plus en plus l'âme ou le cœur au centre de son anthropologie» (p. 208).

La question de savoir ce qu'est un *sujet*, suppose pour Luther de se dégager d'une ontologie de la substance, c'est-à-dire de l'idée d'une permanence de l'être sous ses accidents, ses changements, ses modifications. Un sujet n'est pas *en soi*. Il apparaît toujours et seulement dans ses modes de relations et au sein d'une compréhension de soi qui détermine des formes d'existence. En ce sens, le christianisme ne peut pas concerner – ne *doit pas* concerner – un secteur particulier de l'être. Il n'apporte pas de complément à une nature qu'il faudrait parfaire. Le christianisme ne complète rien ; il compose une forme de l'être; il est une manière d'exister. C'est la portée de la thèse 32 du *De homine* où, se référant à l'Épître aux Romains, Luther écrit: «Paul condense la *définition de l'être humain* dans la brève formule: l'être humain est justifié par la foi»[4]. Ce n'est pas quelque chose en l'être humain qui doit être changé afin qu'il puisse s'accomplir, mais tout l'être humain, autrement dit l'être humain dans sa *totalité* (*homo totus*), donc dans ses modes d'existence.

À partir de là, comment reprendre la question du sujet luthérien – ce qu'il est, quelle forme d'être il suppose, quel rapport au monde il organise? Quel est ce «quelqu'un» que Luther appelle une «personne» ? Trois éléments principaux sont à développer.

I. La notion de personne

Gerhard Ebeling a attiré l'attention sur le fait que «le mot de "personne" est employé chez Luther de manière apparemment déséquilibrée, voire même contradictoire»[5]. Luther fait différents usages de la notion de personne. Cette notion lui sert en tout cas à qualifier deux compréhensions de l'existence humaine qui sont en tension. On ne peut pas les rendre homogènes; on ne peut pas davantage les séparer. C'est pour cette raison qu'il faut user d'un *seul terme* – et non pas *deux* – afin de les corréler. L'unique terme de «personne» désigne des réalités complexes et apparemment opposées. Comment en rendre compte ? Une distinction entre les notions de «moi» et de «je», ou de «moi» et de «sujet» peut nous aider. En effet, une «personne», dans

[4] M. Luther, *De homine*, p. 533.

[5] G. Ebeling, *Luther. Introduction à une réflexion théologique* (1964), Genève, Labor et Fides, 1983, p. 170.

le sens que Luther accorde à ce terme, est *en même temps* un «moi» et un «je». Une personne est une dialectique du «moi» et du «je» sans que l'un des deux termes ne puisse se substituer à l'autre.

Si on considère d'abord la personne comme «moi» – et non pas en tant que «je» ou «sujet» – on peut la reporter à son étymologie latine de *persona* qui, dans son sens premier, était le masque que l'acteur du théâtre antique posait sur son visage pour entrer en scène et interpréter son rôle tragique ou comique. La *persona* est donc une identité composée, élaborée, empruntée, qui permet d'apparaître sur la scène du monde. Elle n'est pas le visage, mais ce qui l'expose au regard des autres en le recouvrant et sans doute ce qui ne peut l'exposer sans le recouvrir. Elle est la construction d'une image de soi qui – ajoutons cet élément central – a un effet de leurre puisque le masque se superpose au visage, puisqu'il trompe en laissant croire que le masque est le visage, et donc qu'en étant un «moi» on est «sujet». Ebeling propose d'éclairer la conception luthérienne de *persona* par la «tournure biblique "regarder à la personne d'un homme", c'est-à-dire juger partialement d'après la valeur de quelqu'un devant le monde, ne pas le prendre dans ce qu'il est en lui-même mais pour ainsi dire dans le costume qu'il revêt pour paraître et par lequel, le cas échéant, il fait impression»[6]. La personne – donc le «moi» – est ici essentiellement une identité construite par identification à des images, des idéaux, des comportements sociaux, des normes, etc.

Si à présent on s'intéresse à la personne comme «je» – et non pas moi – on trouve une définition bien différente, notamment parce que Luther s'en sert pour évoquer une instance divine qui ne regarde pas la *persona*. La personne ici n'est pas une image; elle ne relève pas du champ de la représentation; elle ne concerne pas l'«être-regardé»; elle est au contraire *soustraite* au regard. En ce sens, une personne excède tout ce qu'on peut en savoir, en voir ou en dire. Une personne en tant qu'elle définit un sujet n'est pas *persona*. Elle n'est donc pas masque mais visage, ce visage dont Levinas disait, dans la perspective qui était la sienne, qu'il demeure toujours imprenable au regard et marqué du sceau de l'infini[7]. Un visage est toujours par définition invisible. Toute visibilité du visage est déjà une façon d'en faire un masque en le réduisant à des traits particuliers. Même la somme des traits de

[6] EBELING, *Luther*, p. 170.
[7] Cf. E. LEVINAS, *Totalité et infini. Essai sur l'extériorité*, La Haye, Nijhoff, 1961.

quelqu'un, sa totalité, n'exprime pas le visage qui reste invisible et infini en étant ce qui est toujours «plus» ou différent de ce qu'on en déchiffre. Tout visage est une catégorie de l'ouvert, contestant par là toute volonté de totalisation et de clôture. Une personne – «je» et non pas «moi» – n'est donc pas une image; elle est ce qui *manque à l'image;* elle est un point de fuite ou une échappée de l'image. On peut l'illustrer par ce propos de Lacan où, mettant en relation le thème théologique, *l'imago Dei* et le commandement biblique «tu ne te feras pas d'image», il écrit: «Cet énoncé [celui de l'*imago dei*] est du même jet, du même corps, que le livre sacré où s'articule l'interdiction de forger des images de Dieu. Si cette interdiction a un sens, c'est que les images sont trompeuses. Et pourquoi donc? Allons donc au plus simple – si ce sont de belles images – [...] on ne voit pas qu'elles sont toujours creuses. Mais alors l'homme aussi, en tant qu'image, c'est pour le creux que l'image laisse vide qu'il est intéressant – par cela que l'on ne voit pas dans l'image, par l'au-delà de la capture de l'image, le vide de Dieu à découvrir»[8]. Ainsi, le point central de l'image est un centre vide, un creux, un «ce qui ne se voit pas», c'est-à-dire une absence. L'image est une représentation qui est disposée par ce qui fait obstacle à la représentation. Elle est une représentation qui est soumise à la loi de l'interdit de la représentation. La personne comme sujet est ainsi toujours au point d'une soustraction de l'image.

La notion de «personne» est donc maintenue par Luther dans une forme d'ambivalence ou un jeu subtil entre le *masque* et le *visage*, le moi et le sujet, sans que jamais un terme ne soit abandonné au profit de l'autre. Les deux significations coexistent même si c'est en tension dialectique. Elles composent l'humain comme *personne*. C'est pourquoi, Luther prend ses distances vis-à-vis de l'idée selon laquelle on pourrait exister comme sujet sans être une *persona*. Il n'y a pas d'être nu pas plus qu'il n'y a de Dieu nu (*Deus nudus*) qui puisse se révéler[9]. Nul ne peut être sans revêtir les atours d'un imaginaire qui organise les formes possibles d'une représentation de soi. Luther ne manifeste aucun mépris pour la *persona* qu'il juge au contraire digne de considération pour autant – mais est-ce possible? – qu'on ne s'aveugle

[8] J. LACAN, *Séminaire VII. L'éthique de la psychanalyse* [1959-1960], Paris, Seuil, 1986, p. 231.

[9] Sur le thème de *Deus nudus* chez Luther, cf. par exemple *Commentaire du livre de la Genèse* (1545), Genève, Labor et Fides, 1977, p. 302.

pas sur soi[10]. C'est aussi de cette façon que Lacan pense en réalité la formation de l'image, donc du moi, avec cette idée qui est la sienne que l'image ne se compose pas à partir d'elle-même, mais toujours et seulement en fonction de ce qui n'est pas pris dans l'image. C'est ce qui demeure hors de la spécularité qui permet qu'il y ait de l'image. Ainsi, dans un texte célèbre sur le stade du miroir et à une époque où il n'a pas encore formalisé clairement la différence entre le moi et le je, Lacan établit que l'enfant passe par cette expérience d'une perception morcelée à une perception unifiée de son propre corps[11]. L'enfant se reconnaît dans une image de lui-même qui est structurante, mais aussi aliénante dans la mesure où il ne cessera plus de se confondre avec une image, en général idéalisée, de lui-même, supposant alors que l'autre possède ce dont il se sent privé. Cela étant, relu dans une autre perspective, on peut comprendre que l'image ne se compose pas dans le simple reflet de soi. Pour qu'il y ait «image», il faut une autre étape qu'on peut figurer par ce moment symbolique où, se retournant vers sa mère qui le porte, l'enfant «présente au miroir la face qu'il ne verra jamais»[12]. De ce fait, souligne Henri Rey-Flaud, «au-delà de son action d'unification du corps morcelé de l'enfant, l'image du miroir constitue donc le moi comme *un* autour d'un point symbolique échappé à la glace»[13].

On a ici un premier élément décisif: Luther fait de la notion de personne une dualité du moi et du sujet, du moi et du je, une personne

[10] «Le mot de "personne" au sens de masque, de rôle, désigne une dimension imprescriptible de l'être dans le monde, dont le juste usage ne doit pas être abandonné au nom des mauvais usages produits par la partialité et l'aveuglement»: EBELING, *Luther*, p. 171.

[11] J. LACAN, «Le stade du miroir comme formateur de la fonction du Je telle qu'elle nous est révélée dans l'expérience psychanalytique» (1949), *Écrits* 1, Paris, Seuil, 1999, p. 92-99.

[12] H. REY-FLAUD, *Je ne comprends pas de quoi vous me parlez. Pourquoi refusons-nous parfois de reconnaître la réalité?*, Paris, Aubier, 2014, p. 266.

[13] H. REY-FLAUD, *Je ne comprends pas*, p. 266. Plus tard, Lacan insistera justement sur le fait que l'image ne se forme pas d'elle-même, mais seulement en fonction de ce qui n'entre pas dans la représentation. Il note par exemple qu'un tableau ne se compose que grâce à ce qui est hors de la représentation: «Il y a quelque chose dont toujours, dans un tableau, on peut noter l'absence – au contraire de ce qu'il en est dans la perception. C'est le champ central, où le pouvoir séparatif de l'œil s'exerce au maximum dans la vision. Dans tout tableau, il ne peut qu'être absent, et remplacé par un trou – reflet en somme de la pupille derrière laquelle est le regard [...]. C'est par là que le tableau ne joue pas dans le champ de la représentation. Sa fin et son effet sont ailleurs»: Jacques LACAN, *Le Séminaire XI. Les quatre concepts fondamentaux de la psychanalyse* (1964), Paris, Seuil, 1973, p. 99-100.

n'étant pas réductible à ce qu'elle voit ou sait d'elle-même. «Je» n'est pas au point où quelqu'un se voit, mais au point où, hors du champ de la représentation, il *ne se voit pas*. Ce point de soustraction que désigne le mot «personne» – en tant qu'il s'agit du sujet distinct du moi – ne se trouve pas, comme on pourrait le penser, dans une profondeur de l'être. Il marque plutôt l'impossibilité d'une adéquation de soi à soi, ou une non équivalence entre soi et soi qui invalide toute définition prétendant énoncer: «voici ce que tu es».

II. L'excentricité du sujet

Dans une dialectique du «moi» et du «je», la personne se constitue dans un rapport d'extériorité. C'est vrai de la personne comme *persona*, comme moi, qui s'efforce de se faire reconnaître au regard des autres. On a indiqué qu'il n'y avait aucune raison de négliger ce processus de construction du moi dont il importe au contraire de souligner l'importance. C'est également dans un rapport à l'extériorité que s'institue un sujet, un «je». Plus exactement, le sujet est en position d'*excentricité* fondamentale puisqu'il a littéralement son centre *en dehors de lui*. Un sujet n'est pas constitué par un rapport de soi à soi, mais seulement dans son rapport à l'Autre, la majuscule indiquant ici qu'il s'agit d'une *instance* et non de quelqu'un en particulier. Toute une série de concepts élaborés par Luther formalisent une excentricité de la personne : par exemple, la notion latine *coram* (devant, face à) ou le terme *extra nos* quand il s'agit d'affirmer que notre être se trouve en dehors de nous. Luther élabore une subjectivité de l'«extériorisation» de l'être – on pourrait presque parler d'une subjectivité de l'«extraterritorialisation» – qui a pour effet de modifier sensiblement le problème de savoir ce qui est le «soi» et le «non-soi» ou ce qui est le «dedans» et le «dehors». Le *dedans* – donc ce qui fait le point le plus intime de l'être – est pour Luther un pur *dehors*. Il est le lieu de l'Autre. Pour le dire autrement, il y a un «dehors» qui est intérieur à l'être: ce qui, en soi, est le plus intime de soi ou ce qui, en soi, est plus soi que soi. Pour utiliser un néologisme lacanien, on peut dire que Luther élabore une subjectivité de l'*extime* si on comprend que l'*extime* n'est pas le contraire de l'intime[14]. Il est justement l'intime, et même l'intime de l'intime, mais dans le sens où cet intime est extime: il est l'intime par excellence pour autant que l'on saisisse que cet intime est une pure extériorité ou qu'elle est une intériorité du «dehors». Pour Lacan, la notion d'extime est une façon de rendre compte du terme freudien d'*Unheimlich.* Marie Bonaparte avait traduit en français l'essai de Freud – *Das Unheimliche* (1919) – par *L'inquiétante étrangeté* qu'Olivier Mannoni a récemment proposé de rendre par *L'inquiétant familier* afin de mieux marquer une étrangeté toute intime qui est celle de l'inconscient lui-même. En effet, Freud note que *heimlich* c'est le foyer (de *Heim*, maison), l'intime, le chez soi, le familier, mais il remarque aussi que ce mot sert par ailleurs à désigner une chose cachée, secrète, dissimulée, donc plus étrange ou inconnue et, en définitive, inquiétante[15]. Freud en conclut alors que *heimlich* finit par coïncider avec son contraire – *unheimlich* – et qu'en réalité *unheimlich* est une sorte de *heimich*, que le non-familier n'est pas ailleurs que dans le plus familier ou qu'il n'y a rien de plus étranger à nous-même que ce qui fait le cœur de nous-même. Le «chez soi» est le lieu où loge ce qui, étant de nous, plus nous que nous, est un Autre. Qu'est-ce donc que l'intime, sinon une étrangeté à soi-même, une non-coïncidence de soi à soi et donc une division subjective.

Dans le même sens, la subjectivité luthérienne ne s'apparente pas au «connais-toi toi-même» socratique qui, d'une façon ou d'une autre, postule une identité de soi à soi. Le sujet de Luther est à l'inverse radicalement excentré. Il est un non-identique à lui-même. Il est aux prises avec ce qui n'est pas lui, ce qui est hors de lui et qui est précisément au plus intime de lui-même. En cela, Luther se montre héritier de saint Augustin qui, avec les *Confessions*, est le premier – peut-être après saint Paul – à donner forme à un sujet dont le rapport à soi suppose d'en passer par l'Autre. Celui qui prend la parole à la première personne du singulier ne peut le faire sans qu'un Autre parle en lui, autrement dit sans que «ça» parle en lui. D'ailleurs, on ne sait pas

[14] Par exemple cette citation: «Cette distribution, sa limite intime, voilà ce qui conditionne ce qu'en son temps, et avec plus de mots, bien sûr, plus d'illustrations que je ne peux le faire ici, j'ai désigné comme la *vacuole*, cet interdit au centre, qui constitue, en somme, ce qui nous est le plus prochain, tout en nous étant extérieur. Il faudrait faire le mot *extime* pour désigner ce dont il s'agit»: Jacques LACAN, *Le séminaire XVI. D'un Autre à l'autre* (1968-1969), Paris, Seuil, 2006, p. 224.

[15] *L'inquiétante étrangeté*, Paris, Gallimard, 1933; *L'inquiétant familier* suivi du *Marchand de sable* de *E.T. A. Hoffmann*, Paris Payot, 2011.

toujours dans les *Confessions* qui est le véritable locuteur: alors que s'exprime un sujet à la première personne dans un processus de distanciation produit par le processus d'écriture, un Autre parle. Ce rapport complexe entre un «dehors» et un «dedans» trouve son expression dans cet énoncé des *Confessions* – qui aura beaucoup inspiré Lacan – où saint Augustin s'adresse à Dieu par ces mots : «*Tu autem eras interior intimo meo et superior summo meo, tu étais plus intime que l'intime de moi-même et plus élevé que les cimes de moi-même*» (VI, 11)[16]. Et plus loin, Augustin ajoute ce qui fonde la subjectivité: «Vous étiez au-dedans de moi, et moi, j'étais en dehors de moi» (X, 27).

Dans la pensée de Luther, ce décentrement ou cette extériorisation du sujet se trouve notamment formalisé par la notion de conscience[17]. On a ici un point capital. C'est encore Ebeling qui a rendu attentif au fait que Luther identifie presque la *conscience* à la notion de *personne*[18]: comme l'être est constitué par ce qui lui est extérieur – il est *extra se*, hors de lui – de la même manière la conscience est un «dehors»; elle est dans un rapport d'altérité; elle se constitue en fonction de ce qui lui vient d'ailleurs. Lorsque Luther parle de la conscience, il en fait un emploi particulier, original à plus d'un titre. On peut même considérer que, sur un certain plan, il en forge la notion en la comprenant comme *Gewissen*. Il ne s'agit pas ici de la conscience au sens de la conscience morale, c'est-à-dire ce qui fait la bonne ou la mauvaise conscience, mais justement le point le plus intime de l'être humain, son centre, ce qui est au cœur de lui-même – donc ce qui fait le sujet –, mais dans le sens où ce cœur de lui-même est *excentré*, hors de soi, dans un statut d'extériorisation. Autrement dit, la conscience, au sens où Luther l'interprète, est une conjonction complexe de l'intériorité et de l'extériorité.

La conscience n'est donc pas ce qu'on en a fait habituellement, c'est-à-dire une instance autonome, située dans un pur rapport à soi, où se joue une délibération intérieure[19]. Elle n'est pas un exercice du

[16] SAINT AUGUSTIN, *Confessions*, Paris, Desclée de Brouwer, 1962, p. 382.

[17] Pour un développement, je renvoie à ma contribution: «Luther et la question de la conscience. Problématisation et esquisse d'enjeux contemporains», *Revue d'éthique et de théologie morale*, 293, mars 2017, p. 43-52.

[18] EBELING, *Luther*, p. 170.

[19] Rappelons que l'autonomie kantienne n'est précisément pas cette forme de l'autonomie puisqu'elle suppose la présence agissante de la raison universelle comme intériorisation de l'Autre.

libre examen par lequel l'individu se dresserait dans la superbe et glorieuse souveraineté de son être et ne rendrait de compte qu'à lui-même. La conscience n'est pas une instance d'auto-décision; elle est le *lieu de l'Autre*. Pour Luther, écrit Ebeling, la conscience n'est pas «une voix intérieure autonome qui rend l'homme indépendant et qui constitue le fondement de son autonomie, mais plutôt que l'homme est en dernier ressort écoute, celui qui est touché, pris à partie, soumis à un jugement, son existence dépendant de la parole qui l'atteint et le touche au plus profond de lui-même»[20]. En tant qu'elle désigne le sujet, la conscience est l'être exposé, l'être face à ce qui l'appelle, l'interpelle et le revendique. Elle ne conduit donc pas la personne à entrer en elle-même pour se décider. La capacité de décision consiste au contraire à se situer hors de soi. C'est le «dehors» qui est le lieu véritable de la conscience comme *for intérieur*.

III. Un sujet en position de secondarité

On l'a compris maintenant: la subjectivité luthérienne se caractérise par le primat de l'Autre. Elle n'est pas une procédure d'autodétermination subjective, mais plutôt ce qui fait qu'un sujet n'advient qu'en réponse à ce qui s'adresse à lui. C'est pourquoi, Luther n'institue pas le sujet en position de *souveraineté*; il attribue au sujet un statut de *secondarité* où il dépend de ce qui, n'étant pas lui, s'adresse à lui et le détermine. À titre d'exemple, on peut se référer à cet aphorisme de Luther: *Facies rerum est omnia in omnibus*, c'est-à-dire le visage des choses est tout en tout, le visage des choses est absolument tout, non pas au sens de celui qui regarde – avec l'idée que cela part du regard du sujet – mais plutôt en fonction de l'«être vu», d'un être qui dépend du regard de l'Autre[21]. Le sujet regarde moins les choses, qu'il n'est regardé par elles. Il se voit lui-même comme un être regardé. Les choses sont en elles-mêmes des «êtres regardés» avec la question de savoir de quel regard elles dépendent. D'où leur vient leur puissance d'être? Qu'est-ce qui en opère la détermination fondamentale?

[20] Ebeling, *Luther*, p. 105.
[21] Ebeling, *Luther*, p. 165.

Dès lors, que signifie une telle subjectivité qui accorde le primat à l'Autre? On relèvera deux éléments :

a) La question du sujet ne se règle pour Luther qu'en fonction du problème de savoir qui est l'Autre auquel nous avons affaire puisqu'il a la priorité alors que le sujet, quant à lui, est en position de secondarité. Tout dépend donc de l'Autre s'il est vrai que «je», le sujet, ne surgit qu'en réponse à ce qui s'adresse à lui. Il est l'envers d'un sujet auto-constitué. À cette place de l'Autre se loge bien entendu pour Luther la question de Dieu. Tout l'effort de Luther aura été de faire, ou de refaire, du nom même de Dieu, une *question*, c'est-à-dire d'interroger cette place de l'Autre d'une manière critique sur la base d'une expérience personnelle dont on sait la dimension tragique. Malgré toutes les œuvres qu'il accomplit et toute la piété qu'il engage, Luther ne peut soutenir son existence au regard de cette instance divine. Il fait l'épreuve de l'enfer là où il espérait le paradis, il expérimente le doute alors qu'il désirait la certitude, il vit une damnation en cherchant le chemin du salut, tout cela au sein même de sa croyance en Dieu et de ses actes de dévotion. Dès lors, la question est de savoir si quelque chose peut se déplacer en l'Autre ou de savoir si cet Autre est le véritable Autre ou encore s'il y aurait un Autre que cet Autre-là. Pour le dire en termes nietzschéens, Luther pose à sa manière le problème de la mort de Dieu. C'est à partir du drame existentiel qui est le sien qu'il affronte la question de Dieu. Il oppose à Dieu – ce qui se trouve sous ce nom-là de Dieu – le tragique de sa propre existence avec cette idée décisive que rien ne peut changer pour le sujet sans que s'opère un déplacement en l'Autre puisque l'intériorité est une extériorité et que le dedans est un dehors. Autrement dit, toute modification subjective suppose un déplacement de l'instance qui détermine le sujet lui-même. Sans cela rien n'est possible. C'est pourquoi, il arrache le nom «Dieu» à toute univocité pour en faire un nom problématique, un nom complexe, un nom dont il faut se demander ce qu'il produit comme mode d'existence ou comme forme subjective de soi.
b) Pour qu'un déplacement soit possible pour le sujet que faut-il? Ce qu'il faut c'est ouvrir un large spectre au signifiant «Dieu», c'est-à-dire lui permettre de se corréler librement à toute une série de significations, y compris ce qui semble absolument opposé, comme

autant de modes d'existence subjectifs. C'est l'opération centrale. On trouve chez Luther des formulations étonnantes, très audacieuses qui consistent par exemple à dire que Dieu peut être un diable et que le diable peut devenir Dieu et qu'en réalité il faut qu'il en soit ainsi car, dit-il, «Dieu ne peut pas être Dieu s'il ne devient pas auparavant un diable». C'est aussi vrai de nous qui «ne pouvons pas devenir enfants de Dieu si nous ne sommes pas d'abord des enfants du diable»[22]. C'est donc du lieu de l'Autre que quelque chose se déplace, se modifie, se réorganise, pour le sujet lui-même. Luther l'a parfaitement compris: c'est en changeant de Dieu qu'on peut composer un autre mode d'existence pour soi, pour autant qu'on affirme – comme Luther le fait – qu'un Dieu n'existe pas en soi, mais seulement dans son organisation subjective, c'est-à-dire en tant qu'il est le Dieu auquel je crois ou je ne crois pas, devant lequel je me tiens ou ne je ne me tiens pas. Il y a toujours une instance devant laquelle on se tient, la question est de savoir ce qu'elle est. Dans le *Grand catéchisme*, alors qu'il commente le commandement du décalogue «Tu n'auras pas d'autres dieux», Luther s'interroge sur ce qu'est un dieu avant de répondre: «Un dieu n'est pas autre chose que de croire en lui de tout son cœur et, de tout son cœur, mettre en lui sa confiance». Aussi ajoute-t-il: «La foi et la confiance font et le dieu et l'idole. Si la foi et la confiance sont justes et vraies, ton Dieu, lui aussi, est vrai, et inversement, là où cette confiance est fausse et injuste, là non plus n'est pas le vrai Dieu. Car foi et dieu sont inséparables. Ce à quoi tu attaches ton cœur et tu te fies est proprement ton dieu»[23].

On peut mieux cerner à présent la raison pour laquelle Luther peut définir la personne par cette brève formule : *Fides facit personam*, la foi fait la personne[24]. Le concept de personne est ici utilisé au sens de sujet, c'est-à-dire ce qui constitue l'être dans sa pure singularité, ce qu'il est de manière ultime, en excès de tout de ce qui le représente. Faire de l'énoncé *Fides facit personam* une définition de la personne

[22] LUTHER, «Psaume 117», *Œuvres*, t. VI, Genève, Labor et Fides, 1964, p. 235-236.

[23] LUTHER, *Le Grand catéchisme* (1529), *Œuvres*, t. VII, Genève, Labor et Fides, 1962, p. 33.

[24] *WA*, 39, 1; 282, 16 (1537)

c'est dire que le sujet se constitue dans son rapport à l'Autre et donc, théologiquement, que l'existence dépend du type de confiance qu'on engage. Dans le *Grand Catéchisme*, Luther l'exprime avec une reprise de l'Évangile de Matthieu: «là où est ton trésor, là est ton cœur» (Mt 6,21) – cœur est à entendre au sens de ce qui fait le sujet. Or soutenir que la foi fait la personne c'est affirmer pour Luther que ce nom-là de «Dieu» désigne une instance qui ne considère rien de ce qui sert habituellement à se penser soi-même comme *quelqu'un*. Une personne n'est pas définie ici par un certain nombre de propriétés, d'appartenances, de traits, de mérites, etc. qui forment les identités ordinaires. Le dispositif luthérien est au contraire une défaite des attributs qui servent habituellement à composer les formes reconnaissables de l'existence dans un espace commun. Il donne forme à une «personne» par un processus de dépouillement des prédicats imaginaires de l'être. Dans sa controverse contre la théologie scolastique de 1517, Luther défend la thèse suivante: «*Non efficimur iusti iusta operando, sed iusti facti operamur iusta*», «nous ne devenons pas justes en faisant ce qui est juste, mais c'est en étant rendus justes que nous faisons ce qui est juste»[25]. S'appuyant sur Paul, Luther opère un retournement du concept de justice afin de dire ce qui fait le sujet. Ce qui est déclaré «juste» ne l'est pas. En réalité, Luther appelle «justice» ce qui, au regard des principes d'équité et des normes établies, n'est pas autre chose qu'une «injustice» comme l'illustre cette parabole évangélique où des ouvriers ayant travaillé toute la journée dans le champ de leur maître, certains étant embauchés, dès les premières heures, d'autres à la dernière heure, l'ouvrier de la première heure reçoit au final, au moment de faire les comptes, exactement le même salaire que l'ouvrier de la dernière heure (Mt 20,1-16). Une telle justice ne peut qu'apparaître scandaleuse et même immorale au regard des critères dont on dispose pour définir le juste et l'injuste, sauf à penser qu'il y a une justice qui précède la justice ou qu'il y a une justice qui surpasse la justice. Le signifiant «justice» rend ici inopérant les termes usuels de justice et d'injustice. Il les invalide pour ouvrir la «justice» à de nouvelles possibilités d'être qui étaient jusque-là impensées et impensables. De ce point de vue, une «personne» est définie par un acte transgressif de la morale et des normes de la justice, sans qu'elle

[25] M. LUTHER, «Controverse contre la théologie scolastique» (1517), *Œuvres*, t. 1, Genève, Labor et Fides, 1957, p. 98.

soit pour autant détournée ou exemptée des exigences de la justice. Telle est la dialectique complexe que Luther établira en 1520 dans *Le traité de la liberté chrétienne* comme paradoxe de la liberté et de la servitude: «Le chrétien est l'homme le plus libre; maître de toutes choses, il n'est assujetti à personne. L'homme chrétien est en toute chose le plus serviable des serviteurs; il est assujetti à tous»[26]. Paradoxalement, c'est une injustice divine qui ouvre à l'exigence d'un agir juste.

Jean-Daniel CAUSSE †

[26] M. LUTHER, «Le traité de la liberté chrétienne» (1520), *Œuvres*, t. II, Genève, Labor et Fides, 1966, p. 275.

Les auteurs

André BIRMELÉ, *Centre d'Études Œcuméniques (FLM), Strasbourg*

Pierre BÜHLER, *Université de Zurich*

Jean-Daniel CAUSSE †, *Université de Montpellier 3 – Paul-Valéry*

Joseph FAMERÉE, *Université catholique de Louvain, Louvain-la-Neuve*

Michel FÉDOU, *Centre Sèvres – Facultés jésuites de Paris*

Éric GAZIAUX, *Université catholique de Louvain, Louvain-la-Neuve*

Anne KÄFER, *Westfälische Wilhelms-Universität Münster*

Martin LEINER, *Friedrich-Schiller-Universität Jena*

Olivier RIAUDEL, *Université catholique de Louvain, Louvain-la-Neuve*

Miriam ROSE, *Friedrich-Schiller-Universität Jena*

Jean-Louis SOULETIE, *Institut catholique de Paris*

Table des matières